Frauen gegen Hitler

Christiane Kruse

Frauen gegen Hitler

Weiblicher Widerstand im „Dritten Reich"

BeBra Verlag

INHALT

ANHANG

„Meine Welt ging kaputt, die wollte ich verteidigen. Ich hatte am 30. Januar 1933, als Hitler Reichskanzler wurde, mein Vaterland verloren."

Helene Jacobs

OPPOSITION UND WIDERSTAND: FRAUEN GEGEN HITLER

Wo seid ihr gewesen in den zwölf Jahren des „Dritten Reichs"? Warum habt ihr geschwiegen? Weshalb habt ihr nichts getan gegen Unrecht und Gewalt? Das fragen nachfolgende Generationen bis heute die Deutschen von damals.

Die Begeisterung für den Nationalsozialismus und den „Führer" Adolf Hitler war in der deutschen Bevölkerung seinerzeit überwältigend groß. Die Mehrheit ließ sich von der allgemeinen Aufbruchstimmung, dem Gemeinschaftskult und dem „Wir-sind-wieder-wer"-Gefühl mitreißen, profitierte von der Ausgrenzung und Ausbeutung anderer und sah dabei über die rigiden und inhumanen Maßnahmen des Regimes hinweg: die Abschaffung der demokratischen Grundrechte, die Verfolgung politischer Gegner, Homosexueller oder Mitglieder religiöser Minderheiten, die Einrichtung der Konzentrationslager und den erbarmungslosen Antisemitismus. Andere wiederum nahmen die Diktatur gleichgültig hin. Und wer der Politik Hitlers nicht voll und ganz zustimmte, verschloss die Augen vor Verfolgung und Terror, schwieg aus Furcht vor Repressalien, versuchte sich mit der Diktatur zu arrangieren und richtete sich im eigenen Alltag ein.

Es gab allerdings auch „Männer und Frauen, die den Blick abwenden, wenn die braunen Horden vorbeiziehen, und die sich beeilen, im Innern der Häuser zu verschwinden. Denen es schwerfällt, Zorn, Ohnmacht, Schmerz oder Angst zu verbergen", wie die französische Korrespondentin Stéphane Roussel 1933, kurz nach Hitlers Ernennung zum Reichskanzler, aus Berlin berichtete.

Aber wer war damals bereit gewesen, sich der nationalsozialistischen Gewaltherrschaft zu widersetzen, das geltende Unrecht zu kritisieren, geheime Zirkel zu gründen, sich aktiv im Widerstand zu engagieren, vom Regime bedrohten Menschen zu helfen und dafür Nachteile in Kauf zu nehmen, seine Karriere aufzugeben, Gefängnisstrafen oder sogar das eigene Leben zu riskieren?

Auch wenn man, über prominente Namen wie Oberst Claus Schenk Graf von Stauffenberg oder die Geschwister Hans und Sophie Scholl hinaus, inzwischen auf eine Reihe von Menschen blicken kann, die Widerstand gegen den Nationalsozialismus leisteten – sie blieben nur eine kleine Minderheit unter den damals mehr als 66 Millionen Deutschen. Nur sehr wenige besaßen die Entschlossenheit und den Mut zum Handeln. Unter diesen Wenigen befanden sich immer auch Frauen.

Vor 1933

Zahlreiche Deutsche hatten nicht an einen Erfolg Hitlers geglaubt. „Viel zu lange hatten wir uns damit begnügt, über (…) den ‚Anstreicher' Hitler zu lachen und zu witzeln", schreibt der Dramatiker Carl Zuckmayer in seiner Autobiografie. „Man fand, er sähe aus wie ein Friseur, ein Heiratsschwindler, ein Vorstadtkellner. (…) Wir verlachten sein schlechtes Deutsch, machten uns über seine geschwollenen Phrasen lustig und waren überzeugt, daß ein solches Unmaß an Halbbildung in Deutschland, im Volk der Doktoren, Professoren, Gelehrten niemals ernst genommen würde oder eine Führungschance hätte. Millionen führungsloser Deutscher nahmen ihn ernst (…)."

Andere hatten frühzeitig vor Hitler und dem erstarkenden Nationalsozialismus gewarnt. Zu ihnen gehörten auch kritisch denkende Frauen. Eine außergewöhnliche Erscheinung unter ihnen war Paula

Schlier (1899–1977), eine junge Journalistin, die die politische Entwicklung zu Beginn der Zwanzigerjahre in München aufmerksam verfolgte, wo der Nationalsozialismus früher als in anderen deutschen Städten Fuß fasste. Hier begann Hitlers politischer Aufstieg, der als demagogischer Redner zunehmend die einschlägigen Bierlokale füllte. Am 9. November 1923 versuchte er, mit einem von mehreren Tausend bewaffneten Teilnehmern begleiteten Marsch zur Feldherrnhalle, erstmals die Macht in Deutschland an sich zu reißen. Der Putschversuch konnte damals durch die Polizei niedergeschlagen werden und endete mit Hitlers Inhaftierung und einem zeitweiligen Verbot der NSDAP.

Schlier, damals erst 24 Jahre alt, hatte sich in jenem Jahr undercover als „Schreibmaschinenmädchen" in die Münchner Redaktion des „Völkischen Beobachters", das „Kampfblatt der nationalsozialistischen Bewegung Großdeutschlands", eingeschlichen, um dort einige Monate lang intern den wahren Charakter der Nazibewegung erforschen zu können. Ihre kritischen Artikel erschienen damals im „Nürnberger Anzeiger". Drei Jahre später schildert sie in ihrem autobiografischen Roman „Petras Aufzeichnungen oder Konzept einer Jugend nach dem Diktat der Zeit" tagebuchartig die Monate vor und nach dem gescheiterten Münchner Hitlerputsch. 1942 wurde sie wegen „staatsfeindlicher Äußerungen" durch ihren Beichtvater denunziert und daraufhin verhaftet. Nur ein zeitweiliger Aufenthalt in einer Nervenheilanstalt bewahrte sie schließlich vor dem Konzentrationslager.

Else Blochwitz (1899–1992) wiederum, eine einfache Berlinerin, die ihren Lebensunterhalt mit dem Ausbessern schadhafter Seidenstrümpfe verdiente, besuchte in den Zwanzigerjahren mehrfach öffentliche NSDAP-Veranstaltungen, auf denen sie sich unerschrocken und redegewandt zu Wort meldete, um das menschenverachtende Weltbild der Partei anzuprangern. Es erscheint mehr als makaber, dass das NS-Propagandaministerium, das Sprache als wesentliches Machtinstrument erkannt hatte, sie 1934 wegen ihrer rhetorischen Fähigkeiten als Mitarbeiterin anzuwerben versuchte – vergeblich. Blochwitz blieb eine unerschütterliche Nazigegnerin und versteckte später immer wieder verfolgte Juden in ihrer Wohnung am Kurfürstendamm 177.

Auch die Journalistin Gabriele Tergit beobachtete voller Sorge den in den Zwanzigerjahren beginnenden Aufstieg und stetig wachsenden Erfolg der Nationalsozialisten. Als erste Gerichtsreporterin Berlins verfolgte sie die teils spektakulären Naziprozesse, die damals am Moabiter Kriminalgericht stattfanden. Mit beißender Ironie berichtete Tergit im „Berliner Tageblatt" über die milden Urteile gegen Nazischläger und rechtsradikale Fememörder sowie deren Richter, die nicht selten „auf dem rechten Auge blind" waren. Ihr war durchaus bewusst, dass sie damit den Hass der Nationalsozialisten auf sich zog. Mit knapper Not entkam sie im Frühjahr 1933 ihrer Verhaftung und konnte ins Ausland fliehen.

Die Tierärztin Maria Gräfin von Maltzan, die sich in den Jahren des „Dritten Reichs" mit nahezu unfassbarer Courage an hochriskanten Rettungsaktionen für Verfolgte beteiligte, Hannah Gräfin von Bredow, eine Enkelin des ersten deutschen Reichskanzlers Otto von Bismarck, die auch später furchtlos ihre Abneigung gegen die Nationalsozialisten zeigte, oder die Journalistin Ruth Andreas-Friedrich, die die Widerstandsgruppe „Onkel Emil" ins Leben rief, machten sich von Anfang an keinerlei Illusionen über das, was eine nationalsozialistische Regierung bringen würde. Diese Frauen gehörten damals zu den Wenigen, die Hitlers bereits 1925 / 26 als Buch erschienenes politisches Manifest „Mein Kampf" aufmerksam gelesen hatten, in dem er seine rassistische und antisemitische Weltanschauung sowie seine kriegerischen Annexionspläne unmissverständlich offenlegte. „Wenn er Diktator wird", notierte von Bredow bereits 1930 in ihr Tagebuch, „wird Deutschland ein Irrenhaus."

Clara Zetkin, die führende deutsche Kommunistin, hatte ebenfalls früh die Gefahr des Nationalsozialismus erkannt und schon Jahre bevor Hitler an die Macht kam, den „Wahnglauben" der Massen durchschaut, „ein einziger könne als wundertätiger Retter für sie handeln und sie von ihrem peinigenden Elend befreien". Von schwerer Krankheit gezeichnet, rief sie als Alterspräsidentin des Deutschen Reichstags am 30. August 1932 in einer kämpferischen Rede ein letztes Mal eindringlich zu einer Einheitsfront aller linken Parteien gegen die Nationalsozialisten auf. Die Zerschlagung ihrer Partei in Deutschland erlebte sie noch. Da sie sich damals bereits nach Archangelskoje bei Moskau zurückgezogen hatte, wo sie im Sommer 1933 starb, blieben ihr die brutalen Verfolgungen, denen ihre Genossinnen und Genossen im „Dritten Reich" ausgesetzt waren, zum Glück erspart.

Auch die Künstlerin Käthe Kollwitz (1867–1945), deren sozialkritische Grafiken und Skulpturen ein unvergänglicher Ruf nach mehr Menschlichkeit sind, sah sich veranlasst, öffentlich gegen die greifbar nahe Zerschlagung der Demokratie und eine nationalsozialistische „Machtergreifung" zu appellieren. Gemeinsam mit ihrem Mann, dem Arzt Karl Kollwitz, dem Physiker Albert Einstein, den Schriftstellern Heinrich Mann und Erich Kästner sowie 28 weiteren, zum Teil sehr prominenten Männern und Frauen, unterzeichnete sie anlässlich der bevorstehenden Reichstagswahlen im Juni 1932 einen „Dringenden Appell", der vor der „Vernichtung aller persönlichen Freiheiten" warnte und ein Linksbündnis „der beiden großen Arbeiterparteien" SPD und KPD gegen den Nationalsozialismus forderte. Unübersehbar hing er an den Litfaßsäulen, die damals an den großen Straßen und Plätzen Berlins standen. Am 14. Februar 1933, kurz vor den letzten „freien" Wahlen am 5. März, wurde der Aufruf nochmals erneuert. Dieses Mal unterschrieben neben dem Ehepaar Kollwitz allerdings nur noch 13 weitere Personen. Man war vorsichtig geworden: Seit Ende Januar war Hitler an der Macht.

Kollwitz bekam die Repressalien der Nationalsozialisten schnell zu spüren. Sie wurde aus der Preußischen Akademie der Künste gedrängt, die sie einst als erste Frau überhaupt aufgenommen hatte. Ihre Werke verschwanden aus der Öffentlichkeit, darunter ihr großes Kriegsmahnmal „Trauernde Eltern" aus der Berliner Nationalgalerie. „So sieht, Gott sei Dank, eine deutsche Mutter nicht aus", kommentierte der „Völkische Beobachter" mit Häme. Wegen eines Interviews mit der sowjetischen Zeitung „Iswestija" wurde Kollwitz 1936 von der Gestapo verhört. Nachdem sie glaubhaft entgegnet hatte, keine Kommunistin zu sein und sich in ihrer Kunst nur von Gefühlen leiten zu lassen, ließ man sie in Ruhe, drohte ihr allerdings im Wiederholungsfall mit Verhaftung und Konzentrationslager.

Furchtloser und entschlossener als ihre größtenteils männlichen Parteikollegen zeigte sich die Hamburger SPD-Politikerin Louise Schroeder (1887–1957) am 23. März 1933 – dem Tag, an dem im Berliner Reichstag über das sogenannte Ermächtigungsgesetz („Gesetz zur Behebung der Not von Volk und Reich") abgestimmt wurde, das das Parlament endgültig außer Kraft setzen und den seit knapp zwei Monaten regierenden Nationalsozialisten unbeschränkte Macht einräumen sollte. Mit Recht fürchtete sich mancher Genosse davor, seine Zustimmung zu verweigern, denn viele Sozialdemokraten befanden sich bereits in „Schutzhaft" oder auf der Flucht. Mit den Worten „Ich sage euch, ich gehe und wenn sie mich drüben in Stücke reißen" ermutigte Schroeder die 94 noch im Parlament verbliebenen SPD-Abgeordneten, den damals in der Berliner Krolloper tagenden Reichstag aufzusuchen und dort mit „Nein" zu stimmen. Tatsächlich votierte die Partei einheitlich gegen eines der ersten NS-Unrechtsgesetze. Verhindern konnte sie es damit zwar nicht, aber dennoch ein bewegendes Zeichen setzen, das mit den Worten ihres Fraktionsvorsitzenden Otto Wels „Freiheit und Leben kann man uns nehmen, die Ehre nicht" in die

Geschichte einging. Schroeders politische Karriere war danach vorerst zu Ende. Sie eröffnete im heutigen Hamburg-Altona einen kleinen Brotladen, der sich zu einem geheimen Treffpunkt der Sozialdemokraten entwickelte. Erst nach dem Ende des Zweiten Weltkriegs konnte sie ihre politische Arbeit als erste Oberbürgermeisterin Berlins wieder aufnehmen.

Motive weiblichen Widerstands

Unter den zum Widerstand bereiten Menschen befanden sich Frauen aus allen gesellschaftlichen Kreisen und Schichten. Ebenso vielfältig wie ihre Herkunft waren ihre Motive. Sie wandten sich aus weltanschaulichen Gründen, aus religiöser Überzeugung oder auch einfach aus Anstand und Menschlichkeit gegen die NS-Diktatur. Frauen, die bisher politisch völlig uninteressiert gewesen waren, sahen sich jetzt zum Handeln gezwungen. „Ich bin kein politischer Mensch", bekannte die junge aus Fischerhude bei Bremen stammende Keramikerin Cato Bontjes van Beek, „ich will nur eins sein, und das ist ein Mensch!" Die Diplomatenwitwe Johanna Solf, die in ihrem Berliner Haus Mitte der Dreißigerjahre einen als „Teegesellschaft" getarnten oppositionellen Gesprächskreis initiierte, fand es entscheidend „zu zeigen, daß es auch wahre Deutsche gibt", wie sie nach durchlittener Haft in Gefängnis und Konzentrationslager rückblickend schrieb. Und die Berliner Sekretärin Helene Jacobs sprach nicht nur für sich, wenn sie sagte: „Meine Welt ging kaputt, die wollte ich verteidigen. Ich hatte am 30. Januar 1933, als Hitler Reichskanzler wurde, mein Vaterland verloren."

Weiblicher Widerstand hatte viele Varianten. Er begann nicht erst mit gewagten Aktionen wie der Herstellung und Verbreitung von Anti-Nazi-Flugblättern oder der Organisation von Verstecken und Fluchtmöglichkeiten für Verfolgte des Regimes. Nicht selten übten Frauen passiven Widerstand. Manche verweigerten den obligatorischen Hitlergruß, andere überließen Jüdinnen ihre Pässe und meldeten ihre Papiere anschließend bei den Behörden als verloren. Oder sie bewiesen Mut und Loyalität, indem sie sich über die antisemitische Hetze hinwegsetzten und demonstrativ an ihrem jüdischen Freundeskreis festhielten wie die populäre Schauspielerin Lilian Harvey oder die Pädagogin Elisabeth Abegg (1882–1974). Viele dieser couragierten Frauen gerieten dabei ganz allmählich in den aktiven Kampf gegen Hitler und schlossen sich oppositionellen Netzwerken oder dem organisierten Widerstand an, nachdem sie ursprünglich nur Freunden und Bekannten in einer „Notlage" hatten helfen wollen.

Die „Weiße Rose" in München und Hamburg

Durch die junge Studentin Sophie Scholl, die ihren Kampf gegen das verbrecherische Naziregime im Februar 1943 mit dem Leben bezahlen musste, ist die Münchner „Weiße Rose" bis heute die bekannteste Widerstandsorganisation im „Dritten Reich". Die lose Gruppierung aus mehrheitlich christlich orientierten Studierenden bürgerlicher Herkunft, deren Kern vor allem aus Sophies Bruder Hans und seinen Kommilitonen Christoph Probst, Willi Graf und Alexander Schmorell bestand, informierte die Bevölkerung mit ihren intellektuell fundierten und schonungslos abgefassten Flugblättern über die Massenmorde an den Juden in Polen und den sinnlosen opferreichen Krieg. Wie kaum eine andere Widerstandsgruppe appellierten sie an das moralische Gewissen der Bevölkerung und forderten öffentlich zum Sturz der Hitler-Diktatur auf. Ihre Flugblätter schickten sie per Post an ausgewählte Personen, von denen sie sich Unterstützung erhofften, oder verteilten sie zu Tausenden, auch in anderen Städten. In Stuttgart etwa übernahmen Sophies Schulfreundin Susanne Hirzel

(1921–2012) und deren Bruder Hans die Verteilung der Flugblätter. Sophie Scholl kaufte als „unauffällige" junge Studentin die benötigten großen Mengen an Papier und Briefumschlägen und beschaffte Adressen. Nur vier Tage, nachdem sie und ihr Bruder das sechste und letzte Flugblatt im Lichthof der Münchner Ludwig-Maximilians-Universität ausgelegt hatten, wurden beide zum Tod verurteilt und hingerichtet.

Die Hamburgerin Traute Lafrenz, die in München Medizin studierte und freundschaftlichen Umgang mit dem Kreis um Sophie und Hans Scholl pflegte, nahm eines der Flugblätter mit nach Hause und zeigte es dort ihren Freundinnen und Freunden. Um regimekritische Studierende bildete sich daraufhin der Hamburger Zweig der „Weißen Rose", der die Arbeit der Münchner, die bereits hingerichtet worden waren oder in Haft saßen, fortsetzte. Sie vervielfältigten das Flugblatt und brachten es in Umlauf. Zahlreiche weitere Frauen, unter ihnen die Medizinstudentin Margaretha Rothe, die Schülerin Maria Leipelt sowie die Buchhändlerinnen Hannelore Willbrandt (1923–2003) und Anneliese Tuchel (1926–2000) engagierten sich dabei.

Auch diese jungen Menschen konnten die Katastrophe nicht abwenden und verbrachten nach ihrer Entdeckung oft Jahre unter unmenschlichen Bedingungen in Gefängnissen und Zuchthäusern. Es gab aber durchaus ein Echo ihrer Aktivitäten. Die ausländische Presse wurde aufmerksam. Im März 1943 gelangten Informationen über die „Weiße Rose" nach Skandinavien. Helmuth James Graf von Moltke, Initiator des oppositionellen „Kreisauer Kreises", übergab eines ihrer Flugblätter an den norwegischen Bischof Eivind Berggrav. In der britischen BBC sprach der Schriftsteller Thomas Mann aus dem US-amerikanischen Exil über den Widerstand der „Weißen Rose". Schließlich warfen Flugzeuge der Royal Air Force im Juli 1943 mehrere Millionen Exemplare des sechsten Flugblatts der „Weißen Rose" über deutschen Städten ab.

Bürgerlicher Widerstand – „Kreisauer Kreis"

Frauen des akademischen Bürgertums wurden vor allem durch ihre Ehemänner in den Widerstand einbezogen, unter ihnen Christine von Dohnanyi, eine Schwester des berühmten Theologen und Widerstandskämpfers Dietrich Bonhoeffer, und ihre Schwägerin Emmi Bonhoeffer (geb. Delbrück). Wenngleich sie selbst weniger politisch interessiert waren, teilten sie die Überzeugungen und die Widerstandsaktivitäten ihrer Männer voll und ganz. Manche von ihnen waren dabei mehr als bloße Mitwisserinnen. Sie übernahmen Schreibarbeiten, führten verschlüsselte Telefonate oder überbrachten konspirative Botschaften an Verbündete, da Frauen insgesamt unverdächtiger waren und weniger observiert wurden.

Andere Frauen fanden zum „Kreisauer Kreis", dem informellen oppositionellen Netzwerk, zu dem Sozialisten, Sozialdemokraten und Gewerkschafter ebenso wie Konservative, Geistliche und Militärs gleichermaßen gehörten. Unter ihnen sind so prominente Namen wie die SPD-Politiker Julius Leber und Carlo Mierendorff, der Pädagogik-Professor Adolf Reichwein, die Jesuiten Augustin Rösch und Alfred Delp, der evangelische Pfarrer Harald Poelchau sowie die Juristen Adam von Trott zu Solz, Peter Graf Yorck von Wartenburg und Helmuth James Graf von Moltke zu finden. Gemeinsam entwickelten sie Grundlagen für ein demokratisches Deutschland nach dem Ende der Hitler-Diktatur. Einen Staatsstreich planten sie nicht, es bestanden jedoch Verbindungen zum militärischen Widerstand und den Verschwörern des „20. Juli 1944". Sie trafen sich in größerer Anzahl dreimal auf Moltkes namensgebenden und heute berühmten Gut im schlesischen Kreisau (heute Krzyzowa / Polen), kamen aber hauptsächlich in kleinen Gruppen in Berliner Privatwohnungen zusammen.

Freya Gräfin von Moltke und Marion Gräfin Yorck von Wartenburg gehörten zu den entschlossenen Frauen, die dem Kreis ihre

Häuser öffneten. Auch sie wussten im Großen und Ganzen, worum es ging und standen loyal zu ihren Ehemännern, meist ohne konkrete Aufgaben in der Widerstandsarbeit zu übernehmen. Eine Ausnahme unter ihnen war Margarete von Trotha, die als studierte Volkswirtin aktiv an den Plänen für ein zukünftiges Wirtschaftssystem mitarbeitete.

Am Ende standen die Frauen des „Kreisauer Kreises", die alles versucht hatten, um ihre nach und nach verhafteten Männer freizubekommen, oftmals mittellos und mit noch kleinen Kindern, allein da. Die Mehrzahl der Männer war vom NS-Volksgerichtshof zum Tod verurteilt und hingerichtet worden.

Militärischer Widerstand des 20. Juli 1944

1941/42 stellten sich die ersten militärischen Niederlagen ein und es war abzusehen, dass Deutschland den Krieg nicht gewinnen konnte. Auch die Gräueltaten an der Bevölkerung in den besetzten Ländern wurden mehr und mehr publik. In dieser unhaltbaren Situation fanden sich um Oberst Claus Schenk Graf von Stauffenberg, General Friedrich Olbricht und Generalmajor Henning von Tresckow hohe Wehrmachtsoffiziere zusammen, um einen Staatsstreichplan auszuarbeiten (Operation „Walküre"). Sie wollten Hitler durch ein Attentat beseitigen, den Krieg beenden, den Rechtsstaat in Deutschland wieder herstellen und nicht zuletzt ein Zeichen moralischen Anstands setzen.

Von Tresckow, der mit einigen Mitverschwörern bereits 1943 versucht hatte, Hitler bei einem Flug an die Ostfront und beim Besuch einer Ausstellung im Berliner Zeughaus durch ein Sprengstoffattentat zu töten, brachte es auf den Punkt: „Das Attentat muss erfolgen. (...) Denn es kommt nicht mehr auf den praktischen Zweck an, sondern darauf, dass die deutsche Widerstandsbewegung vor der Welt und vor der Geschichte den entscheidenden Wurf gewagt hat." Die Verschwörer arbeiteten dabei eng mit prominenten Vertretern des bürgerlichen Widerstands wie Helmuth James von Moltke, Julius Leber oder Hans von Dohnanyi zusammen. Stauffenberg erklärte sich schließlich bereit, das Attentat durchzuführen.

Wie im „Kreisauer Kreis" waren auch die Frauen des „20. Juli 1944", unter ihnen Clarita von Trott zu Solz (1917–2013), Nina Schenk Gräfin von Stauffenberg oder Erika von Tresckow (1904–1974), nicht vollständig eingeweiht. Sie kannten weder Details der Staatsstreichpläne noch Genaueres über die Vorbereitung des Attentats. Man wollte sie so für den Fall ihrer Entdeckung vor den erbarmungslosen Repressalien der Nazis schützen. Sie sollten sich als „ahnungslose Hausfrauen" ausgeben, zumal sie überwiegend Mütter kleiner Kinder waren. Wie die Frauen des „Kreisauer Kreises" aber unterstützten sie die Haltung der Verschwörer. Dafür sollten sie nach dem tragischen Scheitern des Stauffenberg-Attentats einen hohen Preis zahlen. Eine Verhaftungswelle sondergleichen wurde in Gang gesetzt, bei der in den folgenden Wochen und Monaten mehr als 200 Menschen aus dem Umkreis der Attentäter verhaftet wurden. Viele der Männer verurteilte man in beispiellosen Schauprozessen vor dem NS-Volksgerichtshof durch „Blutrichter" Roland Freisler zum Tod und richtete sie hin. Die Frauen kamen als Sippenhäftlinge in Gefängnisse. Nina von Stauffenberg, als Ehefrau des Hitler-Attentäters, wurde im KZ Ravensbrück inhaftiert. Die Kinder wurden, ohne das Wissen ihrer Mütter, in NS-Kinderheimen oder bei linientreuen Familien untergebracht.

Die Juristin Elisabeth-Charlotte Gloeden (1903–1944) und ihre Mutter Elizabeth Kuznitzky (1878–1944) überlebten die Verfolgungswelle nicht. Gemeinsam mit Gloedens Mann Erich hatten sie den am Hitlerattentat beteiligten und polizeilich gesuchten General der Artillerie Fritz Lindemann in ihrer Berliner Wohnung

Unterkunft gewährt – bis sie denunziert wurden, in die Hände der Gestapo fielen und hingerichtet wurden.

Kommunistischer Widerstand

Neben Sozialdemokraten und Gewerkschaftern waren die Kommunisten die politische Gruppierung, die von Anfang an den erbittertsten Kampf gegen den Nationalsozialismus führte. Berüchtigt sind die blutigen Straßenkämpfe und Saalschlachten, die sich in den Zwanzigerjahren in erster Linie im „roten" Berlin mit seinen weitgehend links geprägten Arbeiterbezirken im Norden und Osten der Stadt abspielten. Bereits am 11. August 1932 war im „Völkischen Beobachter" zu lesen gewesen, was die Nazis planten, wenn sie an die Macht kämen: „Sofortige Verhaftung und Aburteilung aller kommunistischen und sozialdemokratischen Parteifunktionäre (…)."

1933 wurde die KPD verboten und zerschlagen, ihre Mitglieder erbarmungslos verfolgt, ins Ausland vertrieben oder in Folterkeller und Konzentrationslager verschleppt. Kleine kommunistische Widerstandszellen kämpften im Untergrund weiter.

Weit überdurchschnittlich viele, oftmals sehr junge Frauen mit großer Opferbereitschaft waren im kommunistischen Widerstand engagiert. Die meisten von ihnen verloren ihr Leben im Kampf gegen Hitler. Liselotte Herrmann leitete Informationen über deutsche Kriegsvorbereitungen an Schweizer Genossen weiter, bis sie 1938, im Alter von 29 Jahren, als erste Widerstandskämpferin von den Nationalsozialisten hingerichtet wurde. Auch Judith Auer, die untergetauchte Genossen beherbergt und in ihrem Betrieb zur Industriesabotage aufgefordert hatte, wurde zum Tod verurteilt. Käthe Niederkirchner, aus einem stramm kommunistischen Berliner Elternhaus stammend, ließ sich im Moskauer Exil zur Fallschirmspringerin ausbilden. Sie sollte als Agentin der Roten Armee nach Berlin eingeschleust werden, um dort kommunistische Widerstandszellen im Kampf gegen die Nazidiktatur zu unterstützen. Sie wurde jedoch bereits auf dem Weg dorthin enttarnt und Ende 1944 knapp 35-jährig im KZ Ravensbrück erschossen.

Die „Rote Kapelle"

Auch in den nationalsozialistischen Behörden, im Auswärtigen Amt und weiteren Ministerien der Reichshauptstadt regte sich Widerstand – wenngleich es auch hier letztendlich nur Wenige waren, die den Mut dazu aufbrachten.

Um den Nationalökonomen und Oberregierungsrat im Reichswirtschaftsministerium Arvid Harnack und den Leutnant der Luftwaffe und Mitarbeiter in Hermann Görings Reichsluftfahrtministerium Harro Schulze-Boysen bildete sich eine der größten Widerstandsgruppen im „Dritten Reich". Sie war keine rein ideologisch geprägte Organisation, sondern ein weitverzweigtes, loses Netzwerk idealistischer Menschen unterschiedlicher Weltanschauungen. Die meisten standen politisch links, aber längst nicht alle waren Kommunisten, wie es die Gestapo später behauptete, die der Gruppe den Namen „Rote Kapelle" verpasste.

Von den ca. 150 im Berliner Raum aktiven Mitgliedern waren etwa ein Drittel Frauen. „Man könnte sagen, es ist die Gruppe im deutschen Widerstand, in der Männer und Frauen am meisten gemeinsam miteinander gekämpft haben", sagte der Politikwissenschaftler und Leiter der Gedenkstätte Deutscher Widerstand Johannes Tuchel. Die Frauen waren überwiegend aus Mittelschichtfamilien kommende Akademikerinnen. Zentrale Figuren bildeten Harros Ehefrau, die Filmkritikerin Libertas Schulze-Boysen, und die aus den USA stammende Literaturwissenschaftlerin Mildred Harnack, die mit Arvid Harnack verheiratet war. Aber auch weniger bekannte Frauen ganz unterschiedlicher Couleur gehörten zur „Roten Kapelle", unter ihnen die Volkswirtin Greta Kuckhoff, die Ärztin Elfriede Paul, die Schülerin Liane Berkowitz, die Keramikerin Cato Bontjes van Beek, die Büroangestellte Erika Gräfin von Brockdorff (1911–1943), die Übersetzerin Eva-Maria Buch (1921–1943), die Büroangestellte Hilde Coppi, die aus Slatan Dudows legendärem proletarischem Filmmeisterwerk „Kuhle Wampe" bekannte Schauspielerin Marta Husemann (1913–1960), die Grafikerin Elisabeth Schumacher (1904–1942), die Sekretärin Maria Terwiel (1910–1943) oder die junge Sängerin Joy Weisenborn (1914–2004), die mit dem wesentlich älteren Berliner Schriftsteller Günther Weisenborn verheiratet war. Freya von Moltke äußerte rückblickend voller Bewunderung: „Ich hatte anfangs immer das Gefühl, ich könnte nichts machen, obwohl ich die ganze nationalsozialistische Entwicklung grauenhaft fand. Das ist eben der Unterschied zu den Frauen der Roten Kapelle; das waren Frauen, die etwas tun wollten, die nicht ertragen konnten, nichts zu tun."

Die Frauen und Männer der „Roten Kapelle" kamen allenfalls zu gemeinsamen Ausflügen in größerer Anzahl zusammen, meist trafen sie sich in kleinen konspirativen Gruppen, etwa in der Berliner Arztpraxis von Elfriede Paul oder den Wohnungen der Ehepaare Harnack und Schulze-Boysen. Ihre Aktivitäten waren umfangreich. Sie verfassten Flugblätter, mit denen sie über den Mord an der jüdischen Bevölkerung und die Gräueltaten der Deutschen in Osteuropa aufklärten. Mithilfe der Insiderinformationen Harnacks und Schulze-Boysens legten sie umfangreiche Dokumentationen über NS-Kriegsverbrechen an, um die Täter nach dem Sturz des Regimes zur Rechenschaft ziehen zu können. Im Februar 1942 verschickten sie die von Harro Schulze-Boysen verfasste „Agis-Flugschrift" („Die Sorge um Deutschlands Zukunft geht durch das Volk") per Post an einige Hundert Ärzte, Rechtsanwälte, Theologen, Industrielle und sogar an Beamte des Propagandaministeriums. Es war ein Appell an die Bevölkerung, „Gehorsam und Pflichterfüllung" gegenüber dem Naziregime zu verweigern. Die Exemplare landeten überwiegend bei der Gestapo.

Wie in anderen Widerstandsgruppen fielen dabei auch den Frauen der „Roten Kapelle" typischerweise praktische Aufgaben zu. Weniger verdächtig als die Männer übernahmen sie, neben den üblichen Schreibarbeiten, Botengänge, um konspirative Nachrichten zu übermitteln, und halfen bei der Versendung und Verbreitung von Flugblättern, die sie auf U-Bahnhöfen oder in Telefonzellen hinterließen. Sie hörten BBC und andere „Feindsender" und notierten relevante Nachrichten. Greta Kuckhoff und Mildred Harnack, die umfangreiche Sprachkenntnisse besaßen, übersetzten fremdsprachige Berichte. Maria Terwiel und Joy Weisenborn tippten die NS-kritischen Predigten des prominenten Münsteraner Bischofs Clemens August Graf von Galen, der 1941 von seiner Kanzel herab die nationalsozialistischen „Euthanasie-Morde", d. h. die systematische Tötung geistig oder körperlich Behinderter, anprangerte, auf der Schreibmaschine ab.

Einige der Frauen beteiligten sich auch am Protest gegen die antisowjetische NS-Propagandaausstellung „Das Sowjetparadies", die ab Anfang Mai 1942 in einem eigens dafür aufgebauten Ausstellungspavillon im Berliner Lustgarten zwischen dem Dom und Schinkels Altem Museum lief und ein diffamierendes Bild der sowjetischen Zustände zeigte. Zum Teil als Liebespaare getarnt, klebten sie in der Nacht des 17. August 1942 gemeinsam mit den Männern der „Roten Kapelle" Hunderte Zettel mit der Aufschrift „Ständige Ausstellung – Das Naziparadies – Krieg – Hunger – Lüge – Gestapo – Wie lange noch?" an die Hauswände Berlins.

Bei der Planung der Aktionen oder der inhaltlichen Konzeption von Flugschriften dagegen waren die Frauen häufig nicht dabei. Nur wenige von ihnen wussten wohl über die Kontakte Harnacks und Schulze-Boysens zur Sowjetunion Bescheid, mit deren Hilfe sie das NS-Regime zu beseitigen hofften. Anfang 1941 hatten die beiden Männer Alexander Korotkow, den sowjetischen Botschaftsattaché in Berlin, über den geplanten Angriff Deutschlands auf die Sowjetunion informiert, der bereits ein halbes Jahr später mit der Großinvasion der deutschen Wehrmacht („Unternehmen Barbarossa") grausame Realität wurde.

Wenig Konkretes wussten die Frauen wahrscheinlich auch über die Funkversuche ihrer Männer nach Moskau, die bis auf einen einzigen Probefunk („1000 Grüße allen Freunden!") sämtlich missglückten. Allerdings versteckten einige von ihnen zeitweise je eines der Funkgeräte in ihrer Wohnung oder brachten es zu verabredeten Treffpunkten. Denn so etwas ließ sich unauffällig sogar im Kinderwagen transportieren.

Ein Funkspruch, den der sowjetische Nachrichtendienst am 26. August 1942 mit den Namen und Anschriften einiger Berliner Verbündeter an Anatoli Gurewitsch („Kent"), seinen Agenten in Brüssel, sendete, wurde der „Roten Kapelle" zum Verhängnis. Die deutsche Funkabwehr konnte ihn abfangen, die Aufdeckung der Widerstandsorganisation begann. Fast alle Beteiligten wurden verhaftet und vor das Berliner Reichskriegsgericht gestellt; 45 von ihnen erhielten die Todesstrafe, 29 wurden zu Haftstrafen verurteilt – sämtlich in Scheinprozessen, in denen die Beschuldigten ihre Anklageschrift nicht kannten und ihre Verteidiger erstmals während der Gerichtsverhandlung trafen. Während einige der Männer gehängt wurden, starben die beteiligten Frauen in der Hinrichtungsstätte des Gefängnisses Berlin-Plötzensee (heute Gedenkstätte) unter der Guillotine. Nicht einmal ein Grab erhielten sie. Ihre Leichen wurden der Pathologie der Berliner Universität zu „Studienzwecken" übergeben.

Die „Saefkow-Jacob-Bästlein-Gruppe"

Mit ungefähr 500 Beteiligten bildete die von dem Berliner Maschinenbauer und KPD-Aktivisten Anton Saefkow und den Hamburger Genossen Franz Jacob und Bernhard Bästlein aufgebaute sogenannte Saefkow-Jacob-Bästlein-Gruppe eine noch weit größere linke Widerstandsorganisation im „Dritten Reich", wenngleich sie heute längst nicht so bekannt ist wie die „Rote Kapelle". Unter dem Slogan „Weg mit Hitler – Schluß mit dem Krieg!" vereinten sich in ihr Arbeiter aus dem kommunistischen Milieu mit Intellektuellen und Künstlern, um den Sturz der Nazidiktatur und ein rasches Ende des Kriegs herbeizuführen. Sie nahmen Verbindung zu anderen kommunistischen Widerstandsgruppen auf, um nochmals zu versuchen, eine linkspolitische Einheitsfront zu schaffen, die vor dem Machtbeginn der Nationalsozialisten gescheitert war. Sie bildeten illegale Betriebszellen in den Fabriken, wendeten sich an Zwangsarbeiter und knüpften sogar Kontakte zum „Kreisauer Kreis". Auch sie wurden von der Gestapo entdeckt, viele von ihnen wurden zum Tod verurteilt und hingerichtet.

Zur „Saefkow-Jacob-Bästlein-Gruppe" gehörten mehr als 100 Frauen, unter ihnen die KPD-Parteisekretärin Änne Saefkow (1902–1962), die in zweiter Ehe mit Anton Saefkow verheiratet war, die Sozialdemokratin Hedwig Hartung (1914–1945), die KPD-Politikerin und Metallarbeiterin Helene Kirsch (1906–1999), die Magdeburger Schriftstellerin Eva Lippold (1909–1994) sowie die Fabrikarbeiterin Elli Voigt (1912–1944) aus dem brandenburgischen Schönow, die im Dezember 1944 als Widerstandskämpferin hingerichtet wurde. Ihr Name wurde bekannt durch den italienischen Komponisten Luigi Nono, der ihren ergreifenden Abschiedsbrief „In der Hoffnung auf das Leben gehe ich in den Tod" in seinem Chorwerk „Il canto sospeso" vertonte.

Die Widerstandsgruppe „Neu Beginnen"

Vergleichbar groß war die heute ebenfalls nur wenig bekannte, bereits 1929 gegründete Gruppe „Neu Beginnen" um den ehemaligen Berliner KPD-Funktionär Walter Loewenheim (Pseudonym „Miles", daher auch „Miles-Gruppe"), der damals eine neue, linke Einheitspartei plante, da die großen Arbeiterbewegungen, die Sozialdemokraten und die Kommunisten, seiner Auffassung nach versagt hatten. „Neu Beginnen! Faschismus oder Sozialismus", hieß es 1933. Die Bewegung besaß damals etwa 100 Mitglieder und wuchs nach und nach auf ca. 500 Aktive an. „Im wesentlichen funktionierte NB als ein Nachrichtendienst, der von 1933 an (...) kontinuierliche Informationen über die deutschen Zustände der NS-Propaganda entgegenstellte und Lesern im In- und Ausland zugänglich machte. (...) Ein Netz von Korrespondenten und Kurieren beobachtete die Lage in den Betrieben, aber auch andere Lebensbereiche des „Dritten Reichs", schreibt der Politikwissenschaftler Claus Leggewie. So unterschiedliche Frauen wie die Berliner Verlagslektorin Hedwig Leibetseder (1900–1989), die Nationalökonomin Edith Schumann (1886–1943) oder die jüdische, später emigrierte Psychoanalytikerin Edith Jacobson (1897–1978), gehörten zum Umkreis der Gruppe, die zwar schon 1935 aufgedeckt wurde, jedoch nie ganz ausgeschaltet werden konnte.

Die Widerstandsgruppe „Europäische Union"

Die ausgebildete Textilstrickmeisterin und Designerin Antje Havemann (1909–1985, geb. Hasenclever, später verheiratete Kind) engagierte sich in der sozialistischen Widerstandsorganisation „Europäische Union", die ihr erster Mann, der Chemiker, Kommunist und spätere prominente DDR-Oppositionelle Robert Havemann u. a. mit dem Berliner Ärztepaar Anneliese und Georg Groscurth 1943 initiiert hatte. Da sie sich durch die deutsche Arbeiterschaft keinen größeren organisierten Widerstand mehr erhoffte, wollte die Gruppe die Millionen Zwangsarbeiter, die aus zahlreichen besetzten europäischen Ländern nach Deutschland verschleppt worden waren, zum Widerstand gegen das Hitler-Regime mobilisieren: „Die Zukunft von morgen wird ein geeintes sozialistisches Europa sein."

Antje Havemann selbst war nicht in erster Linie politisch aktiv, sie fand ihre Aufgabe vor allem in der humanitären Hilfe für Verfolgte. Sie sah darin „eine Selbstverständlichkeit für alle, die so dachten wie wir". Gemeinsam mit ihrem Mann hatte sie im März 1933 den bulgarischen Kommunisten Vasil Taneff beherbergt, der im Zusammenhang mit dem Berliner Reichstagsbrand vom 27. Februar polizeilich gesucht wurde. Später versteckte sie Juden, die in die Illegalität abgetaucht waren, um der Deportation in ein Vernichtungslager zu entgehen, in der Nähkammer ihrer Berliner Wohnung – eine äußerst riskante Maßnahme, denn die Versteckten konnten sich dort nur beim Rattern der Nähmaschine frei bewegen, da die knarrenden Fußbodendielen sie sonst verraten hätten. Weiteren Juden, die in anderen Verstecken lebten, brachte sie Geld und Lebensmittel. Während ihr Mann Ende 1943 verhaftet wurde, entging Antje Havemann der Gestapo, da sie sich gerade nicht in Berlin aufhielt. Sie tauchte mit ihrem neuen Lebensgefährten, dem Journalisten und Fotografen Enno Kind, eine Zeitlang unter. Vierzig Mitglieder der „Europäischen Union", unter ihnen auch Georg Groscurth und die aus der Ukraine stammende Galina Fjodorowna Romanowa (1918–1944), die als Ärztin zur Arbeit in verschiedenen Konzentrationslagern zwangsverpflichtet worden war, wurden zum Tod verurteilt und hingerichtet. Robert Havemanns Todesurteil wurde nicht vollstreckt, da seine Kenntnisse als Chemiker für militärische Forschungen gebraucht wurden.

Kleine Widerstandsgruppen

Über die größeren Organisationen hinaus existierten kleinere, jedoch sehr aktive Widerstandsgruppen, die bis heute kaum bekannt, aber nicht weniger beeindruckend sind. Auch in ihnen engagierten sich stets Frauen. Auffallend viele von ihnen fanden zum Berliner Widerstandskreis um den jüdischen Kommunisten Herbert Baum („**Baum-Gruppe**"). Die Mitglieder waren im Durchschnitt erst um die zwanzig und stammten zum großen Teil aus dem kommunistischen Jugendverband oder den linkszionistischen Jugendorganisationen Haschomer Hatzair und Habonim. Sie suchten Kontakt zu Zwangsarbeitern, organisierten Sabotageakte, verfassten und verteilten Flugblätter und schrieben Parolen wie „Nein zu Hitlers mörderischer Politik! Nein! Nein! Nein!" an Hauswände.

Ihre bedeutendste Aktion war der Brandanschlag auf die antisowjetische NS-Propaganda-Ausstellung „Das Sowjetparadies" im Berliner Lustgarten. Am Abend des 18. Mai 1942 zündeten Mitglieder der „Baum-Gruppe" Brandsätze in den Ausstellungsräumen. Der Anschlag schlug fehl, lediglich geringe Sachschäden entstanden. Die Behörden verhängten eine Nachrichtensperre über den Vorfall, sodass die deutsche Öffentlichkeit nichts davon erfuhr, und die Ausstellung war bereits am Tag darauf wieder für das Publikum geöffnet. Für die Widerstandsgruppe waren die Folgen entsetzlich. In kürzester Zeit aufgespürt und verhaftet, wurden ihre Mitglieder zum Tod verurteilt und hingerichtet, auch wenn sie gar nicht aktiv am Anschlag mitgewirkt hatten. Neben Herbert Baum und seiner Frau Marianne starb eine ganze Reihe junger Frauen, unter ihnen Hella Hirsch, Hilde Jadamowitz, Marianne Joachim oder Hilde Löwy. Andere erhielten Gefängnisstrafen oder wurden in Konzentrationslager deportiert.

Die bei der Meldestelle der Jüdischen Gemeinde Berlin angestellte Sekretärin Fancia Grün (1904–1945) versuchte, gemeinsam mit ihrem Freund Werner Scharff, Juden zu helfen oder sogar vor der Deportation zu retten. Sie besaß Einblick in die Deportationslisten. Scharff warnte viele Betroffene. Als Elektromechaniker hatte er Zugang zu den Sammellagern, aus denen Juden in die Vernichtungslager transportiert wurden, und war somit in der Lage, „Briefe, Kleidung und Nahrungsmittel von Angehörigen hineinzuschmuggeln und Kassiber wieder mit hinauszunehmen", schreibt die Historikerin Barbara Schieb. Im Juni 1943 tauchten Grün und Scharff unter, wurden jedoch bereits einen Monat später aufgegriffen und in das KZ Theresienstadt deportiert, aus dem sie kurz darauf fliehen konnten. Zurück in Berlin gründete Scharff mit dem nichtjüdischen Hans Winkler, einem Justizangestellten aus dem brandenburgischen Luckenwalde, die etwa 20 Personen umfassende Widerstandsgruppe **„Gemeinschaft für Frieden und Aufbau"**. In Luckenwalde suchten sie Menschen, die bereit waren, untergetauchte Juden zu verstecken. Sie sammelten Geld und verschickten Flugblätter, in denen sie Wehrmachtssoldaten und Zivilbevölkerung zum Widerstand aufriefen. Darin hieß es unter anderem: „Wir verlangen von Dir nichts anderes, als daß Du denken sollst. Rede nicht sinnlos nach, was Dir von der Regierung oder einzelnen Parteigenossen vorerzählt wird." Neben Winklers Frau Frida (1909–1988), der Berliner Sekretärin Edith Berlow (1903–1995) und weiteren Frauen beteiligte sich auch Grün an den Widerstandsaktionen. Von der Gestapo schließlich entdeckt, wurde sie im Herbst 1944 erneut nach Theresienstadt deportiert und dort am 3. März 1945 erschossen. Scharff starb knapp zwei Wochen nach ihr im KZ Sachsenhausen durch Genickschuss.

Ähnlich viele Personen wie die „Gemeinschaft für Frieden und Aufbau" umfasste die Widerstandsgruppe **„Onkel Emil"** um die Berliner Journalistin Ruth Andreas-Friedrich. Sie war eine charismatische Persönlichkeit voller Energie und Tatendrang. Furchtlos versuchte sie jedem zu helfen, der zu ihr kam. Gemeinsam mit ihrem Lebensgefährten, dem Dirigenten Leo Borchard, und einem äußerst engagierten Freundeskreis, zu dem in erster Linie Akademikerinnen und Akademiker verschiedenster Berufe gehörten, besorgte sie Unterkünfte, gefälschte Papiere, Lebensmittel und alles weitere Notwendige, was Verfolgte zur Flucht oder zum Überleben im Untergrund benötigten. Die Gruppe verteilte auch Flugblätter und schrieb Wandparolen an die Fassaden Berlins, in denen sie bis in die letzten Kriegstage im April 1945 zum Widerstand gegen das NS-Regime aufrief. Wie durch ein Wunder blieb „Onkel Emil" bis zum Ende des „Dritten Reichs" von den Nazis unentdeckt.

Die Philosophiestudentin Edith Wolff (1904–1997) galt als „Halbjüdin". Ihr Vater war der jüdische Schriftsteller Theodor Wolff-Thüring, der 1943 im KZ Auschwitz ermordet wurde. Evangelisch erzogen bekannte sie sich seit 1933 aus Protest gegen den Antisemitismus des NS-Regimes zum jüdischen Glauben. Gegen die Nazis setzte sie sich zunächst durch kleine „Nadelstiche" zur Wehr, etwa indem sie in Bücherverzeichnisse, „wo das Kampf-Buch von Hitler und andere national-sozialistische Literatur (…) angeführt war", Zettel mit der Aufschrift „Vorsicht Gift" klebte. Im Februar 1943 gründete sie mit ihrem Freund, dem Lehrer Jizchak Schwersenz, in Berlin die zionistische Untergrundgruppe **„Chug Chaluzi"** („Pionierkreis"). Sie half, meist aus der zionistischen Schülerbewegung stammenden, jüdischen Jugendlichen, die Nazidiktatur in Verstecken zu überleben. Dreiunddreißig von ihnen konnten dank ihrer Hilfe gerettet werden. Im Juni 1943 wurde Wolff verhaftet. Sie saß im KZ Ravensbrück, im Frauenzuchthaus Cottbus und in weiteren Gefängnissen. Nach Kriegsende lebte sie mit Schwersenz, der damals in die Schweiz hatte fliehen können, in Israel.

Stille Heldinnen

Über die kleinen Widerstandsgruppen hinaus gab es die „stillen Heldinnen", die bedrohten und verfolgten Menschen halfen, soweit es in ihren Kräften lag. Sie gehören nicht zu den faszinierenden Widerstandskämpferinnen, die heute durch ihre gewagten Aktionen in Erinnerung sind. Es waren einfache, bescheidene Frauen im Hintergrund – Arbeiterinnen, kleine Gewerbetreibende, Hausfrauen. Wie viele es waren, ist nicht erforscht. Auch nach Kriegsende verloren sie oft kaum ein Wort über ihre Hilfe. Sie handelten schlichtweg aus Anstand.

Eine der heute bekannteren Frauen, die damals Großes leisteten, ohne eigentlich politisch interessiert zu sein, einer oppositionellen Gruppe oder einem Widerstandskreis anzugehören, war die Pianistin Eva Klemperer. Während des „Dritten Reichs" hielt sie fest und unerschütterlich zu ihrem Mann, dem Dresdener jüdischen Romanisten Victor Klemperer. Sie ertrug mit ihm zwölf Jahre in ständiger Angst und alle Demütigungen und Entrechtungen, denen Juden in dieser Zeit ausgesetzt waren. Nur dadurch, dass sie sich als „arische Frau" damals nicht von ihm scheiden ließ, besaß er den „Schutz" einer sogenannten Mischehe. So bewahrte sie ihn vor der Deportation und er konnte die NS-Diktatur überleben.

Bemerkenswert viele „stille Heldinnen" waren Berlinerinnen – und das, obwohl die Reichshauptstadt, einst vitaler Mittelpunkt jüdischen Lebens in Deutschland, inzwischen die organisatorische Leitstelle der nationalsozialistischen Judenverfolgung bildete. Im Herbst 1941 begann von den Bahnstationen Grunewald, Moabit und dem Anhalter Bahnhof aus die Deportation der damals noch in Berlin lebenden jüdischen Bevölkerung in die NS-Vernichtungslager. Und in einer ehemaligen Fabrikantenvilla am Berliner Wannsee wurde am 20. Januar 1942 während der heute sogenannten

Wannseekonferenz mit der „Endlösung der Judenfrage" das barbarischste Vorhaben nationalsozialistischer Politik eingeleitet: die bürokratisch organisierte physische Vernichtung des Judentums in ganz Europa. In der Villa befindet sich heute die Gedenk- und Bildungsstätte „Haus der Wannsee-Konferenz".)

Um der Deportation zu entkommen, tauchte eine Reihe von Juden in die Illegalität ab und versuchte in Verstecken zu überleben. Dabei waren sie vollständig auf Unterstützung von außen angewiesen. Neben Else Blochwitz, die schon in den Zwanzigerjahren offen ihre Abneigung gegen die Nationalsozialisten und deren menschenverachtende Ideologie geäußert hatte, halfen ihnen weitere „ganz normale" Frauen, wie die Soldatenwitwe Johanna Eck (1888–1979) oder die Sekretärin Helene von Schell (1903–1956).

Ungeachtet des großen Risikos, selbst verhaftet und zu hohen Gefängnisstrafen verurteilt zu werden, boten ihnen die Frauen in dieser Zeit oft über Monate und sogar Jahre Schutz in ihren eigenen meist nur kleinen Wohnungen. Das erforderte ein hohes Maß an Aufmerksamkeit und Organisationstalent, da ständig die Gefahr bestand, von den Nachbarn beobachtet und bei der Gestapo denunziert zu werden. Und vor allem musste für die Verpflegung der Versteckten gesorgt werden, untergetauchte Juden besaßen keine Lebensmittelmarken. Blochwitz habe, so berichtete eine Bekannte rückblickend, „jahrelang mitgehungert. In ihrem Kreis wurde alles geteilt, auch die Kartenrationen."

Ida Jauch (1886–1944), eine weitere Berlinerin, versteckte den jüdischen Waisenjungen Hans Rosenthal, der der in der Bundesrepublik später als TV-Entertainer bekannt wurde, ab März 1943 in ihrer Laube in der Gartenkolonie „Dreieinigkeit" in Berlin-Lichtenberg. Sie behandelte Rosenthal, der der Sohn einer verstorbenen Freundin war, wie ihr eigenes Kind. Wie Blochwitz und andere Frauen teilte auch sie die Essensrationen mit ihrem Schützling. Als

Jauch 1944, mitten im Krieg, unerwartet starb, nahmen sich Emma Harndt und Maria Schönebeck, zwei Nachbarinnen aus der Kolonie, bis zum Kriegsende seiner an.

Emma Gumz (1899–1981), die in Berlin-Charlottenburg eine Wäscherei betrieb, versteckte gemeinsam mit ihrem Mann Franz einige jüdische Frauen und Männer in einem Hinterraum ihres Geschäfts. Inge Deutschkron, die Jahrzehnte später durch ihre Erinnerungen „Ich trug den gelben Stern" berühmt wurde, hatte hier mit ihrer Mutter Ella Mitte Januar 1943 für einige Wochen eine erste Zuflucht gefunden, bis eine Nachbarin misstrauisch und die Situation zu unsicher wurde.

Die beiden Frauen fanden eine neue Unterkunft bei Lisa Holländer (1890–1986). Auch für sie war Hilfe für verfolgte und bedrohte Menschen selbstverständlich. Sie hasste die Nazis, die ihren Mann, den jüdischen Kaufmann Paul Holländer, im KZ ermordet hatten. Angst hatte sie nicht. Was hatte sie noch zu befürchten, nachdem ihr das Liebste genommen worden war? Als ihr Schwager Walter Rieck, der Verstecke für Untergetauchte organisierte, im Sommer 1943 nach einer Unterkunft für die Deutschkrons suchte, erklärte sie sich spontan bereit, die beiden schutzlosen Frauen in ihrer Wilmersdorfer Wohnung aufzunehmen. In ihren Erinnerungen berichtet Inge Deutschkron voller Dankbarkeit über „Tante Lisa", die ihnen in dieser schweren und gefahrvollen Zeit nicht nur ein Dach über dem Kopf geboten, sondern ihnen auch wahre Freundschaft entgegengebracht hatte. Die drei Frauen lebten damals wie eine kleine Familie miteinander, bis die Wohnung Ende Januar 1944 nach einem Bombenangriff ausbrannte und Mutter und Tochter Deutschkron erneut in ein anderes Versteck gebracht wurden.

All diese „stillen Heldinnen" trugen entscheidend dazu bei, dass in Berlin um die 1700 jüdische Frauen und Männer die Nazidiktatur im Untergrund überstehen konnten. Im Vergleich zu den

80.000, die Anfang 1940 noch in der Stadt lebten, sind es indes nur wenige.

Nur ein einziges Mal während der nationalsozialistischen Diktatur konnten Frauen durch öffentlichen Protest tatsächlich etwas erreichen. Ende Februar 1943 versammelten sich einige Hundert Berlinerinnen in der Rosenstraße im alten Zentrum Berlins, um gegen die Verhaftung ihrer jüdischen Männer, die zu dieser Zeit Zwangsarbeit in Fabriken leisten mussten, zu demonstrieren. Sie gehörten zu den Tausenden Juden, die während der berüchtigten „Fabrikaktion" am 27. Februar 1943 von ihren Arbeitsplätzen geholt worden waren. Um die 2000 Männer aus sogenannten Mischehen waren im Verwaltungsgebäude in der Rosenstraße 2–4 interniert worden. Die Frauen befürchteten deren Deportation. Sie ließen sich nicht einschüchtern und versammelten sich täglich zu neuem Protest – mit Erfolg. Nach einer Woche kamen die Männer überraschend frei. Das Mahnmal der Bildhauerin Ingeborg Hunzinger in der Rosenstraße erinnert heute an diese mutigen, unbeirrbaren Frauen. Dass die anderen Verhafteten, die keine „arischen" Angehörigen besaßen, wenig später in die NS-Vernichtungslager deportiert wurden, hatten sie allerdings nicht verhindern können.

Einige der „stillen Heldinnen" werden in der israelischen Holocaust-Gedenkstätte Yad Vashem als „Gerechte unter den Völkern" geehrt. Aber wie viele weitere Frauen sich dem Naziregime darüber hinaus allein und unerkannt widersetzten, kleine Sabotageakte unternahmen, Bedrohten und Verfolgten im Kleinen halfen oder Zivilcourage zeigten, indem sie nicht mit „Heil Hitler" grüßten, ein gefundenes Flugblatt nicht bei der Gestapo ablieferten, jüdischen Nachbarn heimlich zunickten oder regimekritische Äußerungen anderer nicht denunzierten, wird für immer im Dunkel der Geschichte bleiben.

Nach 1945

Um die eigene Mitschuld zu verdrängen, wollten die Deutschen mit dem „Dritten Reich", dem dunkelsten Kapitel ihrer Geschichte, nach 1945 so schnell wie möglich abschließen. Bis auf die prominente „Weiße Rose" um die Münchner Geschwister Hans und Sophie Scholl und Claus Schenk Graf von Stauffenberg, der am 20. Juli 1944 das Attentat auf Hitler gewagt hatte, erfuhr daher auch der deutsche Widerstand lange Zeit kaum eine angemessene Würdigung. Die Erinnerung an couragierte Menschen, die gegen das NS-Regime gekämpft hatten, störte den Seelenfrieden vieler Deutscher, wie es Sophie Scholl einst formuliert hatte: „Wir sind Euer böses Gewissen."

Gabriele Tergit, die 1933 vor den Nazis in die Tschechoslowakei geflohen war und ab 1938 im Londoner Exil lebte, war entsetzt über die mangelnde Bereitschaft der deutschen Bevölkerung, sich selbstkritisch mit der nationalsozialistischen Vergangenheit auseinanderzusetzen. 1948, bei ihrem ersten Deutschlandaufenthalt nach dem Krieg, besuchte sie eine Verhandlung im Berliner Kriminalgericht Moabit, aus dem sie viele Jahre lang berichtet hatte: „Es handelte sich um einen Diebstahl unter kleinen Leuten, einen goldenen Ring mit einem Halbedelstein. Ich dachte, dafür dieser Aufwand? Ankläger, Richter, Gefängnis, Polizei. Hunderte, Tausende, Hunderttausende von goldenen Ringen waren in der ganzen Welt gestohlen worden, silberne Schüsseln, Gemälde und Teppiche zerbombt, verbrannt und in den halbzerstörten Häusern von Soldaten aller Armeen, von den lieben Nachbarn geraubt worden. Beute! (…) Konnte man so die Gerechtigkeit wieder aufbauen, ein halbes Dutzend Menschen beschäftigen, weil ein goldener Ring mit einem Halbedelstein den Besitzer ohne Bezahlung gewechselt hatte?"

In der frühen Bundesrepublik wurden vor allem die Frauen, deren Männer sich aktiv dem Widerstand angeschlossen hatten, als „Verräter-Frauen" diffamiert. Die Mitglieder der „Roten Kapelle" wurden zu Agenten der Sowjetunion degradiert, obwohl die Mehrzahl von ihnen nicht einmal der KPD angehört hatte. Erst 2009 wurden die Unrechtsurteile gegen sie aufgehoben.

Die DDR wiederum ehrte ausschließlich den kommunistischen Widerstand, unter ihnen Liselotte Herrmann und Käthe Niederkirchner, die ihr Kampf gegen Hitler das Leben gekostet hatte. Kommunistinnen wie Greta Kuckhoff und Elfriede Paul, die die NS-Zeit überlebt hatten und in der DDR in hohe berufliche Positionen gelangt waren, veröffentlichten Autobiografien, in denen sie ausführlich über ihre Widerstandsaktivitäten im „Dritten Reich" berichteten.

In Westdeutschland versuchten die Witwen bedeutender Widerstandskämpfer durch Buchpublikationen über ihre Männer, die als Mitglieder des „Kreisauer Kreises" und Mitverschwörer des „20. Juli 1944" von den Nazis hingerichtet worden waren, den deutschen Widerstand zu würdigen und vor dem Vergessen zu bewahren. Unter ihnen Annedore Leber, die 1945 ihren eigenen Buch- und Zeitschriftenverlag gegründet hatte, und Clarita von Trott zu Solz, inzwischen studierte Ärztin und Psychoanalytikerin. Freya von Moltke, die seit 1960 in den USA lebte, gab die Briefe heraus, die ihr Mann Helmuth James von Moltke ihr während seiner Haft geschrieben hatte.

Die aus dem damaligen Ostpreußen stammende Journalistin und spätere „ZEIT"-Herausgeberin Marion Gräfin Dönhoff (1909–2002), deren direkte Beteiligung an den Staatsstreichplänen des „20. Juli 1944" von einigen Historikern inzwischen angezweifelt wird, hatte unter dem Titel „In Memoriam 20. Juli 1944 – den Freunden zum Gedächtnis" schon unmittelbar nach Ende des Zweiten Weltkriegs eine Würdigung der am Staatsstreich und dem Hitler-Attentat beteiligten Männer verfasst. Sie veröffentlichte ihn damals als Privatdruck, der in erster Linie für die Angehörigen der

Opfer des Widerstands gedacht war. Aber das Thema ließ sie nicht mehr los. 1994, fast 50 Jahre später, erschien ihr Buch „Um der Ehre willen. Erinnerungen an die Freunde vom 20. Juli".

Manche der betroffenen Frauen schwiegen lebenslang oder äußerten sich erst Jahrzehnte später öffentlich über die vergangenen Ereignisse. „Man wußte ja nie, wie die Leute reagieren", sagte Marion Gräfin Yorck von Wartenburg, in deren Berliner Haus sich einst regelmäßig der oppositionelle „Kreisauer Kreis" getroffen hatte. Und Joy Weisenborn spricht mit Sicherheit für viele von ihnen, wenn sie sich enttäuscht darüber äußerte, „dass eigentlich nie ein Dank kam" – es sei denn, man stellte Betroffenen nach dem Krieg einen „Persilschein" aus, der sie in ihren Entnazifizierungs-verfahren entlastete, wie Maria von Maltzan später berichtete.

Der legendären Schauspielerin und Sängerin Marlene Dietrich, die Deutschland für ihre Karriere in Hollywood schon 1930 verlassen und sich von den USA aus von Anfang an deutlich gegen die Nazis positioniert hatte, schlug noch 1960, 15 Jahre nach dem Untergang des „Dritten Reichs", die Feindseligkeit ihrer Landsleute entgegen, als sie während einer Deutschlandtournee vor dem Berliner Titania-Palast mit dem Slogan „Marlene go home!" empfangen wurde. Ihre konsequente Ablehnung der Nazis, die den Star als „Flaggschiff" des deutschen Films damals vergeblich ins Reich hatten zurückholen wollen, konnten ihr viele Deutsche lange nicht verzeihen.

Nochmals 20 Jahre später konnte man auf eine ähnliche Mentalität stoßen. Die Autorin und NS-Forscherin Anna Rosmus, damals noch Schülerin im bayerischen Passau, stieß auf erhebliche Ablehnung und Gegenwehr, als sie 1980 im Rahmen eines Aufsatz-wettbewerbs über den „Alltag im Nationalsozialismus" zu recherchieren begann und drei Jahre später ihr Buch „Widerstand und Verfolgung am Beispiel Passaus 1933–1939" veröffentlichte. Sie wurde bedroht und in ihrer Arbeit behindert, Akteneinsicht hatte sie sich zum Teil vor Gericht erstreiten müssen. Regisseur Michael Verhoeven machte sie mit seinem dokumentarischen Spielfilm „Das schreckliche Mädchen" (1990) weltbekannt und vermittelte eindrucksvoll, dass es noch 35 Jahre nach Ende des Naziregimes Mut und Beharrlichkeit erforderte, kritisch hinter die Kulissen einer gern verdrängten Vergangenheit zu blicken.

„(…) Kampf mit allen Mitteln des Verstandes und mit eiskalter Berechnung, denn die Irren kann man nie überzeugen."

Hannah Gräfin von Bredow

RUTH ANDREAS-FRIEDRICH

geb. Behrens
Schriftstellerin, Journalistin
*1901 Berlin; †1977 Gauting bei München

Die 1941 nach New York emigrierte jüdische Journalistin Hanna
Angel schrieb rückblickend über Ruth Andreas-Friedrich: „Wie viele ihrer vielen Freunde ihr ihr Leben verdanken, wie viele ihren
Lebenswillen, wie viele die Bewahrung persönlich wertvollen Be-
sitzes, kann ich nicht schätzen. Sie brauchte nur zu erscheinen, und
alles hatte sich geändert, die Hungernden hatten zu essen, die Ob-
dachlosen ein Bett, die Hoffnungslosen wieder Hoffnung. Sie gab
von ihrem Eigenen, sie rettete von Anderen, was zu retten war.
Ihre Furchtlosigkeit war einzigartig. (...) Mit steigender Sorge beobachtete ich (…), wie sie immer mehr Risiken auf sich nahm, und
sich an keinerlei Nazi-Verordnung hielt." Für ihre selbstlose Hilfe
ehrt die israelische Gedenkstätte Yad Vashem Andreas-Friedrich
heute als „Gerechte unter den Völkern".

Sie gehörte zu den Wenigen, die damals Hitlers politisches Manifest „Mein Kampf" gelesen hatten. Es „alarmiert sie (...) und be-
stimmt über Jahre ihr politisches Handeln", schreibt ihre Tochter
Karin Friedrich (1925–2015) in ihrer im Jahr 2000 erschienenen
Familienbiografie „Zeitfunken". Nach der unheilvollen Reichs-
pogromnacht am 9. November 1938, in der jüdische Freunde und
Bekannte erstmals bei ihr Zuflucht gefunden hatten, entwickelte
sich um Andreas-Friedrich und ihren damaligen Lebensgefährten,
den Dirigenten Leo Borchard (1899–1945), ein Kreis von zuletzt
ca. 20 Frauen und Männern: die von der Gestapo nie aufgedeckte
Widerstandsgruppe „Onkel Emil". „Aus der Solidarität mit Juden
wurde Widerstand gegen die Unmenschlichkeit des NS-Regimes",

schreibt der Historiker Wolfgang Benz. Ihre Wohnung in Berlin-Steglitz wurde zum zentralen Treffpunkt – und das in einem Stadtbezirk, der eine Hochburg der Nationalsozialisten bildete, die hier bereits 1932 einen Wählerstimmenanteil von 44,3 Prozent erreicht hatten.

Die „Clique", wie sie sich selbst nannten, war keine ideologisch geprägte Organisation, sondern ein heterogener Helferkreis. Zu ihm gehörten unter anderem Andreas-Friedrichs Ex-Mann, der Unternehmer Otto Friedrich, der Juraprofessor Hans Peters und die Journalistin Susanne Simonis (1904–1977), eine ihrer Freundinnen. Gleich mehrere Ärzte schlossen sich der Gruppe an, unter ihnen Christiane und Fritz von Bergmann sowie Walter Seitz, der Atteste für Wehrmachtssoldaten und Zwangsarbeiter ausstellte. Der Drucker Ludwig Lichtwitz und der Grafiker Cioma Schönhaus – beide waren junge untergetauchte Juden – fälschten für „Onkel Emil" gekonnt Ausweise, Fahrscheine, Lebensmittelmarken oder Bezugskarten für Wohnungen. Während des Kriegs stellten sie außerdem falsche Bescheinigungen für „Fliegergeschädigte" aus, um Untergetauchten Wohnraum und Lebensmittelmarken zu verschaffen. Ruths Tochter Karin, damals kaum dem Teenageralter entwachsen, bemühte sich um dringend benötigte Lebensmittel und fand Helfer wie Walter Reimann, einen Konditormeister und Caféhaus-Inhaber vom Kurfürstendamm, der ihnen Backwaren überließ. Mit ihren Aktivitäten sicherte die Gruppe das Überleben der jüdischen Berlinerinnen und Berliner, die sich ab Herbst 1941 verstecken mussten, um der Deportation in ein NS-Vernichtungslager zu entgehen. Da sie keine Möglichkeit besaßen, sich selbst das Lebensnotwendige zu beschaffen, waren sie voll und ganz auf die Hilfe ihrer „arischen" Unterstützer angewiesen. „Onkel Emil" lautete das Kennwort, wenn sie die Versteckten aufsuchten.

Im Lauf der Zeit nahmen sie auch Verbindung zu anderen Widerstandsorganisationen auf, etwa zu kommunistischen Gruppen,

Ruth Andreas-Friedrich

zur „Roten Kapelle" und zum „Kreisauer Kreis", zu dem auch der Pfarrer und Gefängnisseelsorger der Strafanstalt Berlin-Tegel, Harald Poelchau, gehörte. Über ihn entstand Kontakt zu politischen Häftlingen wie Helmuth James von Moltke.

Für die vielen Emigranten, die alles hatten zurücklassen müssen, schmuggelte Andreas-Friedrich Wertsachen und Geld außer Landes. Dazu begleitete sie ihren Lebensgefährten Leo Borchard auf seinen Konzertreisen ins Ausland. Er galt als „politisch unzuverlässig" und durfte in Deutschland nicht mehr auftreten, weil er sich öffentlich zu dem jüdischen Dirigenten Bruno Walter bekannt hatte. „Meine Mutter mit Pelzen behangen, Perlen um den Hals, Diamanten am Finger, Dollarnoten in der Zahnpastatube, Goldmünzen im Mantelsaum", erinnert sich Karin Friedrich später.

1943 tippten Mutter und Tochter das letzte Flugblatt der Münchner Widerstandsgruppe „Weiße Rose", das Hans Peters mit nach Berlin gebracht hatte, auf der Schreibmaschine ab. Ganze 250 Kopien verbreiteten sie im Stadtgebiet. Im April 1945, wenige Tage vor der Kapitulation Nazideutschlands, verteilte die Gruppe Aufrufe zum letzten Widerstand gegen das NS-Regime und die erbarmungslosen Durchhaltebefehle des „Führers": „Berliner! Ihr kennt den Befehl des Wahnsinnigen Hitler und seines Bluthunds Himmler, jede Stadt bis zum äußersten zu verteidigen. Schreibt überall euer Nein an! Bildet Widerstandszellen in Kasernen, Betrieben, Schutzräumen!"

Bei all ihren mutigen und riskanten Aktivitäten war es Andreas-Friedrich die gesamte Zeit über gelungen, ein nach außen hin angepasstes Leben zu führen. Sie übersetzte für den Ullstein Verlag Texte aus dem Englischen und Französischen und schrieb für Mode- und Lifestyle-Zeitschriften Beiträge über historische Frauenfiguren. Sie verfasste auch ganze Reihen harmloser Lebensratgeber, wie „Glücklich verliebt, glücklich verlobt. Ein Ratgeber für Liebesleute und solche, die es werden wollen" (1942). Ab 1939 war sie in leitender Position bei der Frauenzeitschrift „Die junge Dame" (später „Kamerad Frau") für die Themen Kosmetik, Gesundheit und Lebensberatung zuständig. Damit verdiente sie auch für ihre Tochter Karin und Borchard, der während des Kriegs kaum noch Konzerte geben konnte, den Lebensunterhalt. Zugleich gab es kaum eine bessere Tarnung für sich und ihre Angehörigen.

In der Nachkriegszeit arbeitete Andreas-Friedrich weiter im Unterhaltungsjournalismus. Sie schrieb für die Zeitschrift „Constanze" und gab die Frauenzeitschriften „sie" und „Lilith" heraus. Weitere Ratgeber entstanden. Unter den Titeln „Der Schattenmann" (1947) und „Schauplatz Berlin" (1962) erschienen schließlich ihre Tagebücher, in denen sie die dramatische, aufreibende Zeit zwischen 1938 und 1945 und die ersten schweren Nachkriegsjahre bis 1948 schildert. Ihre Notizen hatte sie während des Kriegs in einem Salzsack im Keller versteckt. Um ihre „Clique" zu schützen, anonymisierte sie die Namen ihrer Verbündeten: Harald Poelchau ist „Dr. Tegel", Leo Borchard trägt den Tarnnamen „Andrik Krassnow" und „Heike" ist ihre Tochter Karin.

Privat wurde Andreas-Friedrich nach all den Jahren in ständiger Anspannung und Gefahr nicht mehr glücklich. Von Borchard lebte sie getrennt. Er hatte 1945 eine junge Frau geheiratet, die von ihm schwanger war. Wenige Monate darauf kam er ums Leben, als G.I.s versehentlich sein Auto beschossen. 1952 heiratete Andreas-Friedrich ihren langjährigen Gefährten im Widerstand Walter Seitz und folgte ihm nach München, wo er Direktor der Universitätsklinik wurde. Auch diese Verbindung scheiterte. Am 17. September 1977, eine Woche vor ihrem 76. Geburtstag, nahm sich Ruth Andreas-Friedrich das Leben.

JUDITH AUER

geb. Vallentin
Büroangestellte
*1905 Zürich; †1944 Berlin

Der unerschütterliche Glaube an den Kommunismus und der Widerstand gegen das NS-Regime prägte das kurze Leben von Judith Auer. „Als ihre Hauptaufgabe sah sie es an, (...) Anhänger für den Kampf gegen das faschistische Regime und gegen dessen verbrecherischen Krieg zu gewinnen", schrieb ihre Tochter Ruth Hortzschansky rückblickend. Bereits im Kommunistischen Jugendverband (KJVD) aktiv, wurde Auer 1928 KPD-Mitglied. Als Studentin leitete sie eine kommunistische Jugendgruppe im Berliner Arbeiterbezirk Wedding. Sie heiratete den drei Jahre älteren Erich Auer (1902–1978), einen gelernten Drucker und engagierten Parteifunktionär. In einem knappen, selbst verfassten Lebenslauf schrieb sie später: „Im Jahre 1926 habe ich geheiratet, wodurch mein Stipendium erlosch. Ich lernte dann Stenografie und Schreibmaschine in einem Privatkurs, da ich gezwungen war, mitzuverdienen." Ihr Musikstudium – sie wollte ursprünglich Pianistin werden – hatte sie abgebrochen. Gemeinsam mit ihrem Mann ging sie für einige Monate nach Moskau, um dort für die Kommunistische Internationale zu arbeiten. Judith Auer war dort Stenotypistin im Büro der Zentrale. Wieder in Berlin arbeitete sie in der KPD-Zentralstelle für Organisations- und Bürobedarf. Daneben warb sie um neue Parteimitglieder, verteilte Flugblätter und verkaufte KPD-Zeitungen – auch nach der Geburt ihrer Tochter Ruth am 27. November 1929. Sie nahm sie bei schönem Wetter einfach im Kinderwagen mit. Ihr Mann, mit dem sie damals in einer Wohnung am Weddinger Schillerpark lebte, war im Auftrag der Partei immer wieder in ganz Deutschland unterwegs.

Mit ihm gab es bald Konflikte. Obwohl sie eine durch und durch überzeugte und engagierte Kommunistin war, warf er ihr „bürgerliches Verhalten" vor. Er korrigierte sich jedoch später und erkannte an, dass seine Frau „der Arbeiterjugend Wege zu unseren unvergänglichen Kulturgütern gewiesen" habe. Das Paar schien nicht zusammenzupassen. Während ihr Mann aus dem Handwerkermilieu stammte, kam sie aus einer gutsituierten Künstlerfamilie, ihr Vater war der aus der Schweiz stammende Theaterschauspieler und -kritiker Franz Adelbert Vallentin. Auch ihre Mutter Margarete schauspielerte, schrieb Kinderbücher und verfasste Opern für Kinder. Zum kultivierten Freundeskreis der Familie gehörte die künstlerische Avantgarde wie die Lyrikerin Else Lasker-Schüler. Eine der Schwestern Auers war Ruth Cidor-Citroen (1906–2002), die später am Weimarer Bauhaus eine Ausbildung zur Weberin machte und einen Bruder des Bauhaus-Künstlers Paul Citroen, den Pelzhändler Hans Citroen, heiratete.

Trotz gesellschaftlicher Differenzen hielt das Ehepaar Auer allerdings zunächst zusammen, als für sie, wie für die meisten ihrer Genossinnen und Genossen, mit Hitlers Machtantritt am 30. Januar 1933 eine Zeit der Not, Gefahr und Verfolgung begann. Es gab Hausdurchsuchungen, Erich Auer wurde im März 1934 erstmals verhaftet und wegen „Vorbereitung zum Hochverrat" zu einein- halb Jahren Gefängnis verurteilt. 1937 saß er weitere drei Monate in Haft und war anschließend arbeitslos. Auch Judith Auer hatte Probleme als Kommunistin und Frau eines politischen Häftlings eine feste Anstellung als Bürokraft zu finden. Zudem konnte sie den erforderlichen „Ariernachweis" nicht erbringen – ihr bereits 1918 verstorbener Vater entstammte einer jüdischen Familie, sie galt daher nach den NS-Rassegesetzen als „Halbjüdin".

In dieser politisch bedrohlichen und wirtschaftlich schwierigen Lage fassten die Auers den Entschluss, in ihre Wohnlaube in Berlin-Bohnsdorf am östlichen Stadtrand zu ziehen, die sie sich von

Ersparnissen gekauft hatten. Sie bauten dort Gemüse an und hielten Kleintiere. Schließlich kam Judith Auer als Stenotypistin und spätere Einkäuferin von Maschinenteilen im Berliner AEG-Kabelwerk Oberspree unter, aber nur, weil sie vorgegeben hatte, „arisch" zu sein.

Ihre Ehe wurde 1939 geschieden. Die Situation als alleinerziehende, berufstätige Mutter und die ständige Bedrohung, der sie als Kommunistin ausgesetzt war, belasteten sie stark, zumal sie ihre Tochter, die inzwischen eine nationalsozialistische „Jungmädelgruppe" besuchte, „zur Verschwiegenheit" erziehen musste. Ihre Kraft zum Widerstand brach das nicht. 1940 schloss sich Auer dem Widerstandskreis um den Maschinenbauer und KPD-Aktivisten Anton Saefkow, den Mann ihrer Freundin Änne, an. „[...] dem Genossen half sie durch eine materielle Unterstützung, bei jenem holte sie im Kinderwagen den Abziehapparat ab und brachte ihn an einen sicheren Ort", schrieb Änne Saefkow später. Auers abgelegene Wohnlaube wurde zum geheimen Treffpunkt des Widerstandskreises. Hier beherbergte sie 1942 zwei Monate lang auch den flüchtigen Hamburger Kommunisten Franz Jacob, ein enger Weggefährte von Anton Saefkow, der bereits von 1936 bis 1940 im KZ Sachsenhausen gesessen hatte und während einer erneuten Verhaftungswelle in Berlin untergetaucht war. Sie schleuste außerdem Flugblätter in ihren Betrieb, forderte zur Industrie-Sabotage auf, um den Krieg zu verkürzen, und nutzte Dienstreisen nach Thüringen zur Verbindungsaufnahme mit dem kommunistischen Widerstand um die Genossen Theodor Neubauer und Magnus Poser. Bereits 1937 hatte sie mit ihrer Tochter ihre nach Paris emigrierte Schwester Ruth besucht und dort Kontakt zu geflohenen Genossen hergestellt.

Am 7. Juli 1944 gegen acht Uhr morgens wurde Auer an ihrem Arbeitsplatz verhaftet; ihre Tochter erfuhr erst zwei Wochen später davon. Ernst Rambow, ein Genosse, hatte die „Saefkow-Gruppe"

an die Gestapo verraten. Die ermittelnde „Sonderkommission"
schrieb in ihrem Abschlussbericht: „Bei der Auer handelt es sich
um eine gefährliche, unbelehrbare Kommunistin. (...) sie ist ge-
ständig, in den unter der Bezeichnung Nationalkomitee ‚Freies
Deutschland' bekannt gewordenen Hochverratskomplex verwi-
ckelt zu sein. Sie nahm in ihrer Wohnung flüchtige Kommunisten
auf, stellt ihre Behausung zu illegalen Sitzungen zur Verfügung,
sammelte und verteilte Lebensmittelmarken für die flüchtigen, illegalen Genossen und führte für die Organisation Kurierfahrten
nach Jena aus. In ihrer Wohnung wurden Hetzschriften hergestellt,
aufbewahrt und sie war auch an der Verteilung derselben beteiligt."

Sie kam ins Gefängnis Berlin-Moabit, später in das Frauengefängnis Barnimstraße in Friedrichshain, in dem einst Rosa Luxemburg, die Mitbegründerin der Kommunistischen Partei, inhaftiert
gewesen war. Auer wurde gefoltert, gestand aber nur, was ohnehin
bereits bekannt war. Anfang September 1944 wurde sie zum Tod
verurteilt und am 27. Oktober 1944 um 11.30 Uhr in Berlin-Plötzensee hingerichtet. Sie starb „ruhig und gefasst". Bis zum letzten
Moment, berichtete der Gefängnisgeistliche später, hielt sie ein
Foto ihrer innig geliebten Tochter in der Hand. Zuletzt gefragt,
ob sie denn bei ihren illegalen Aktivitäten gar nicht an ihr Kind
gedacht hätte, antwortete sie: „Eben darum, weil ich an meine
Tochter denke, bin und bleibe ich Kommunistin." Im gleichen
Sinn hatte sie damals an die erst 15 Jahre alte Ruth geschrieben:
„Möge alles Schmerzliche, was ich hinter mir habe, nicht umsonst
gewesen sein; was in meiner Macht steht, will ich tun, damit es Dir
zugute kommt!"

LAGI GRÄFIN VON BALLESTREM
geb. Solf
*1909 Vailima (Samoa); †1955 Bonn

„(…) sie machte aus ihrem Haß gegen das System keinerlei Hehl",
sagte der Journalist und NS-Widerstandskämpfer Rudolf Pechel
rückblickend über Lagi (samoanisch: So'oa'emalelagi) Gräfin von
Ballestrem. Sie ließ sich nicht einschüchtern und war zu keinerlei
Konzessionen bereit. Bei einer Gestapo-Vorladung kurz vor Kriegsbeginn trug sie eigens zwei volle Einkaufstaschen in den Händen,
um die Hand nicht zum Hitlergruß ausstrecken zu müssen.

In ihrer konsequenten Ablehnung des Nationalsozialismus folgte sie ihren Eltern Wilhelm Heinrich und Johanna Solf. Ihr 1936
verstorbener Vater, einst kaiserlicher Gouverneur der damaligen
deutschen Kolonie Samoa (Polynesien) und späterer deutscher
Botschafter in Tokio, hatte schon zu Beginn der Hitler-Diktatur bei
Propagandaminister Joseph Goebbels gegen die Diskriminierung
der jüdischen Bevölkerung protestiert und sein Berliner Wohnhaus
zum Treffpunkt regimekritischer Persönlichkeiten gemacht, aus
dem sich später der als „Teegesellschaft" getarnte oppositionelle
„Solfkreis" ihrer Mutter entwickelte.

Ballestrem, damals mit dem Kaufmann Wolfgang Mohr verheiratet, lebte bis 1938 in Shanghai, wo sie den dort gestrandeten
jüdischen Flüchtlingen half. Nach Deutschland zurückgekehrt,
setzte sie ihre Unterstützung fort. Bedrohten Juden zur Flucht
ins Ausland zu verhelfen, betrachtete die Diplomatentochter als
ihre Verpflichtung – obwohl sie inzwischen ununterbrochen von
der Gestapo überwacht wurde. Gemeinsam mit ihrer Mutter und
ihrem zweiten Mann, dem Juristen und NS-Gegner Hubert Graf
von Ballestrem, nutzte sie ihre Beziehungen zu internationalen Di-

plomatenkreisen, um Verfolgten gefälschte Papiere zu beschaffen. Zeitweise versteckte sie sogenannte Taucher, d. h. untergetauchte Juden, in ihrer eigenen Berliner Wohnung.

Nachdem der „Solfkreis" durch einen Gestapo-Spitzel verraten worden war, wurde Ballestrem am 12. Januar 1944 verhaftet und, wie ihre Mutter Johanna, in das brandenburgische Frauenkonzentrationslager Ravensbrück gebracht. Die Zustände waren unerträglich. Ballestrem erlitt ständige, qualvolle Verhöre, Schlafentzug, Hunger und Dunkelhaft in einer Kellerzelle, ließ sich aber nicht brechen. Rudolf Pechel, der damals selbst in Ravensbrück inhaftiert war, erinnerte sich: „Ich (...) habe mit Genugtuung die tapfere Haltung der Gräfin Ballestrem und ihre prachtvolle Aggressivität gegenüber der Gestapo (...) und ihre kameradschaftliche Hilfsbereitschaft für alle Mithäftlinge beobachtet."

Wegen „Hochverrat, Wehrkraftzersetzung, Feindbegünstigung und Defätismus" angeklagt, wartete sie ab Oktober 1944 gemeinsam mit ihrer Mutter unter schlimmsten Haftbedingungen im Untersuchungsgefängnis Berlin-Moabit auf ihren Prozess. Ihr Mann durfte sie nur ein einziges Mal für lediglich 15 Minuten besuchen. Nur weil der gnadenlose, gefürchtete Gerichtspräsident Roland Freisler am 3. Februar 1945 bei einem Bombenangriff auf den NS-Volksgerichtshof ums Leben gekommen war, entging sie ihrer Hinrichtung: Die für den 5. Februar anberaumte Verhandlung wurde auf den 28. April verschoben. Fünf Tage vor dem Termin kamen Ballestrem und ihre Mutter auf Intervention des Juristen Ernst Ludwig Heuss, ein Sohn des späteren ersten Bundespräsidenten Theodor Heuss, überraschend frei.

Nach Kriegsende setzte sich Ballestrem mit ihrem Mann, der inzwischen als Gefängnisfürsorger der Caritas arbeitete, für jugendliche Straftäter ein, bis er 1949 unter dem Vorwurf der „Spionage für den Vatikan" im sowjetisch besetzten Potsdam festgenommen wurde und bis Anfang 1954 in Haft saß. Gesundheitlich schwer mitgenommen starb die Gräfin Ende 1955 im Alter von nur 47 Jahren.

HILDE BENJAMIN

geb. Lange
Juristin, Ministerin
*1902 Bernburg/Saale (Sachsen-Anhalt); †1989 Berlin

Die in Berlin aufgewachsene Kaufmannstochter und Juristin Hilde Benjamin war eine durch und durch überzeugte Kommunistin, die Nazis verabscheute sie zutiefst. Ihre Weltanschauung teilte sie mit ihrem sieben Jahre älteren Mann Georg Benjamin (1895–1942), den sie im Februar 1926 geheiratet hatte. Er entstammte einer hochangesehenen jüdischen Berliner Großbürgerfamilie und war der jüngere Bruder Walter Benjamins, der durch seine kulturphilosophischen Schriften wie „Das Kunstwerk im Zeitalter seiner technischen Reproduzierbarkeit" und das umfangreiche, posthum erschienene „Passagen-Werk" bis heute zu den bekanntesten und angesehensten linken Schriftstellern und Philosophen seiner Zeit zählt.

Hilde und Georg Benjamin führten eine für die damalige Zeit recht ungewöhnliche Ehe. Hilde begnügte sich nicht mit der Rolle der Ehefrau. Auch nachdem 1932 ihr einziges Kind, der Sohn Michael, zur Welt gekommen war, ging sie zielstrebig ihren eigenen beruflichen Weg – bis die Nazis ihrer Karriere ein plötzliches Ende setzten und sie in einen Kreislauf von Bedrohung und Verfolgung geriet.

Hilde Benjamin, die von 1921 bis 1924 in Berlin, Heidelberg und Hamburg Jura studiert hatte, engagierte sich für die „Rote Hilfe" und unterrichtete an der Marxistischen Arbeiterschule. Im proletarisch geprägten „roten" Berliner Bezirk Wedding, in dem ihr Mann eine Arztpraxis führte, eröffnete sie 1929 eine eigene Kanzlei – in einer Zeit, in der Rechtsanwältinnen noch zu einer absoluten Minderheit gehörten. Hier zählten die Arbeiter, die nach dem berüchtigten „Weddinger Blutmai" – brutalen Straßenschlachten zwischen Kommunisten und der Polizei im Frühjahr 1929 – wegen Widerstands und Landfriedensbruchs angeklagt waren, zu ihren ersten Mandanten. Im Jahr darauf verteidigte sie Elisabeth Salms, die Vermieterin des jungen SA-Führers Horst Wessel aus der Großen Frankfurter Straße in Berlin-Friedrichshain, der man Beihilfe zum Totschlag vorwarf. Salms hatte den Rotfrontkämpfer Albrecht Höhler zu Hilfe gerufen, weil Wessel, dem sie wegen Mietschulden gekündigt hatte, sein Zimmer nicht räumen wollte. Bei einer Auseinandersetzung an der Wohnungstür war Wessel angeschossen worden und kurz darauf an seinen Verletzungen gestorben. Durch den Prozess geriet Benjamin, längst als „Rote Hilde" verschrien, bereits drei Jahre vor Hitlers Machtantritt ins Visier der Nazis, zumal Wessel gezielt zu einem ihrer prominentesten nationalsozialistischen „Märtyrer" stilisiert wurde. Sein Gedicht „Die Fahne hoch, die Reihen fest geschlossen!" wurde zur NS-Parteihymne. Der „Völkische Beobachter", die führende nationalsozialistische Tageszeitung, rügte das „ungeheuerlich milde Urteil" von eineinhalb Jahren Gefängnis für die angeklagte Elisabeth Salms und drohte Benjamin unverhohlen mit Rache: „Einst werden sich die Verteidiger dieses Schandprozesses zu verteidigen haben vor den Opfern der Bewegung."

Nachdem die Nationalsozialisten Ende Januar 1933 an die Macht gekommen waren, begann für Hilde Benjamin ein langer Leidensweg, den sie mit Tausenden ihrer Genossinnen und Genossen teilte. Ihr Mann wurde am 14. April 1933 aus seiner Arztpraxis heraus verhaftet und saß bis Weihnachten im KZ Sonnenburg bei Küstrin in „Schutzhaft". Mitte Mai 1936 kam er erneut in Haft, u. a. weil er für die KPD ausländische Zeitungsartikel übersetzt hatte. Wegen „staatsfeindlicher Betätigung" erhielt er sechs Jahre Zuchthaus und saß lange Zeit in Brandenburg-Görden, in dem damals zahlreiche politische Gefangene unter schlimmsten Bedingungen inhaftiert waren. Als Jude wurde er besonders grausam behandelt. Er durfte seiner Frau lediglich alle zwei Monate einen Brief schreiben, alle drei Monate wurden ihm 15 Minuten Besuch gewährt. Als er zur Zwangsarbeit an einer Bahnstrecke am Stadtrand Berlins eingesetzt wurde, konnte sie ihn noch einige Male treffen, ihn sogar mit Lebensmitteln versorgen und so seine kärglichen Essensrationen aufbessern, die er als Gefangener erhielt. Es gab sogar Auswanderungspläne für die Zeit nach seiner Haftentlassung. Doch es kam anders. Ihr Mann wurde in das KZ Mauthausen nahe der österreichischen Stadt Linz verlegt, wo er 1942 angeblich Selbstmord durch Berühren der Starkstromleitung beging. In ihrer Biografie über Georg (1977) schrieb Hilde Benjamin rückblickend über die Umstände seines Todes: „(…) es war Mord." Gefangene in die unter Strom stehende Umzäunung der KZs zu drängen, war eine besonders infame Methode, sie zu ermorden.

Zusätzliches Leid belastete Hilde Benjamin. Ihr Schwager Walter hatte sich auf der Flucht vor den Nazis im Grenzort Portbou bereits 1940 mit einer Überdosis Morphium das Leben genommen, nachdem ihm die Einreise nach Spanien verweigert worden war und er seine Auslieferung an die Gestapo hatte befürchten müssen. Schließlich lebte Hilde Benjamin in ständiger Angst, selbst verhaftet zu werden. Ihre Zulassung als Anwältin hatte sie verloren, ihre Kanzlei aufgeben müssen. Da sie Russisch sprach, fand sie vorübergehend Arbeit als juristische Beraterin in der Sowjetischen Handelsgesellschaft. Ab 1936 arbeitete sie in der Buchhaltung eines jüdischen Konfektionsbetriebs. Nach dessen Liquidation im Jahr 1939 konnte sie nur noch gelegentlich kaufmännische Arbeiten übernehmen. In dieser Zeit hatte sie unter ihrem Geburtsnamen Lange wieder bei ihren Eltern im gutbürgerlichen Stadtteil Steglitz Unterschlupf gefunden. Ihr Vater Walter Moritz Lange war als leitender Angestellter der Solvay AG, einem weltweit erfolgreichen

Sodaproduzenten, ein angesehener Mann. Den kleinen „Mischa" unterrichtete sie selbst, da er als „Halbjude" keine höhere Schule besuchen durfte. So ermöglichte sie ihrem Sohn, nach Kriegsende das Abitur zu machen und, wie sie, ein Jurastudium aufzunehmen.

Trotz allen persönlichen Leids hatte Hilde Benjamin, soweit es ihr möglich war, in dieser Zeit sogar versucht, Verfolgten zu helfen. Die jüdische Krankenschwester Edith Fürst etwa konnte sie mit Hilfe des Gefängnispfarrers und NS-Gegners Harald Poelchau als Haushaltshilfe in einer „arischen" Familie unterbringen und sie so vor der Deportation in ein NS-Vernichtungslager bewahren.

Nach dem Krieg machte Benjamin in der DDR Karriere. Von 1949 bis 1953 war sie Vizepräsidentin des Obersten Gerichts, 1953 bis 1967 die (weltweit erste) Justizministerin und ab 1967 Jura-Professorin an der Berliner Humboldt Universität. Wegen ihrer unerbittlichen Gerichtsverhandlungen nach dem Vorbild sowjetischer Schauprozesse, in denen sie Oppositionelle und anders Denkende wie die Zeugen Jehovas u. a. wegen „Hetze gegen die DDR" zu extrem hohen Zuchthausstrafen verurteilte, ist sie jedoch als „Scharfrichterin der DDR", „rote Guillotine" oder – in Anspielung auf den erbarmungslosen Präsidenten des NS-Volksgerichtshof Roland Freisler – als „weiblicher Freisler" im öffentlichen Gedächtnis geblieben.

Wie konnte ein Mensch wie Hilde Benjamin, deren Familie unter den Nazis so viel Leid und Rechtlosigkeit erfahren hatte, die Angeklagten vor ihrem Richtertisch mit so unerbittlicher Strenge und Gnadenlosigkeit aburteilen? „Die Liebe zu Georg und die Kommunistische Partei", schreibt ihre Biografin Marianne Brentzel, „scheinen sich in ihrem Leben unauflöslich verknüpft zu haben."

LIANE BERKOWITZ

geb. Wassieljewa
Schülerin
*1923 Berlin; †1943 Berlin

Hitler persönlich hatte 1943 die Begnadigung von „17 zum Tode und
zum dauernden Verlust der bürgerlichen Ehrenrechte Verurteilten"
abgelehnt. Unter ihnen befanden sich, neben Cato Bontjes van Beek,
Eva-Maria Buch, Hilde Coppi und Maria Terwiel, auch die 19-jährige
Schülerin Liane Berkowitz. Sie war die Tochter des Dirigenten Viktor
Wassiljew und der Opernsängerin Jekaterina Wassiljewa, die 1923 vor
den Bolschewisten aus der Sowjetunion nach Berlin geflohen waren.
Ihr leiblicher Vater war der Geschäftsmann Henry Berkowitz, den
ihre Mutter nach ihrer Scheidung in zweiter Ehe geheiratet hatte.

Ersten Kontakt zum Widerstand fand Liane Berkowitz am privaten Dr. Heilschen Abendgymnasium, an dem sie sich auf das Abitur
vorbereitete. Hier traf sie auf einen Kreis oppositioneller Mitschüle-
rinnen und Mitschüler, unter ihnen Ursula Götze (1916–1943), Otto
Gollnow, Eva Rittmeister (1913–2004), Fritz und Hannelore (1924–
1998) Thiel sowie ihren späteren Verlobten, den Schlosser Friedrich
Rehmer (1921–1943). Einige von ihnen standen in Verbindung zur
Widerstandsorganisation „Rote Kapelle" um Arvid Harnack und
Harro Schulze-Boysen, die mit der Sowjetunion sympathisierten.
Berkowitz' politische Einstellung ist nicht bekannt. Einmal bezeich-
nete sie sich selbst als Kommunistin, was sie später vor Gericht je-
doch vehement bestritt. Sie nahm an den Diskussionen der „Roten
Kapelle" teil, verbreitete Flugblätter wie „Organisiert den revolutio-
nären Massenkampf gegen Faschismus und imperialistischen Krieg!"
und die von Adam Kuckhoff und John Sieg verfasste Schrift „Offne
Briefe an die Ostfront", die die grausamen NS-Verbrechen in der So-

wjetunion anklagte. Außerdem beteiligte sie sich an der Protestaktion gegen die antisowjetische Berliner Propagandaausstellung „Das Sowjetparadies". Getarnt als Liebespaar klebten sie und ihr Mitschüler Otto Gollnow in der Nacht des 17. Mai 1942 ca. 50 Zettel mit der Aufschrift „Ständige Ausstellung – Das Naziparadies – Krieg – Hunger – Lüge – Gestapo – Wie lange noch?" an Hausfassaden des Kurfürstendamms und seiner Nebenstraßen. Eine mutige Aktion, die in der gesamten Stadt große Aufmerksamkeit erregte.

Im gleichen Sommer wurde die „Rote Kapelle" enttarnt und eine große Verhaftungswelle begann. Berkowitz, die von der Festnahme Schulze-Boysens wusste, konnte noch einige Freunde wie John und Eva Rittmeister warnen. Am 26. September 1942 wurde auch sie selbst verhaftet – schwer belastet durch die Aussagen ihrer einstigen Mitschülerin Hannelore Thiel.

Am 18. Januar 1943 wurde sie, gemeinsam mit Rehmer, von dem sie inzwischen ein Kind erwartete, vor dem Berliner Reichskriegsgericht zum Tod verurteilt. Senatspräsident Friedrich Neuroth hatte vergeblich ihre Begnadigung vorgeschlagen: „Die Angeklagte Berkowitz, z. Zt. der Tat 18 Jahre alt, jetzt im 8. Monat schwanger, macht einen durchaus unreifen Eindruck. (…). Sie stand unter dem Einfluß des Schulze-Boysen, des Thiel und des Rehmer (…)." Sie selbst hatte angegeben, völlig unpolitisch zu sein, von der „Staatsfeindlichkeit dieser Aktion" (der Klebezettelaktion) keine Ahnung gehabt zu haben und nur durch Fritz Thiel, in den sie einmal verliebt gewesen sei, dazu überredet worden zu sein.

Im Berliner Frauengefängnis Barnimstraße brachte sie am 12. April 1943 ihre Tochter Irena zur Welt. Am 5. August wurde Berkowitz in der Haftanstalt Berlin-Plötzensee hingerichtet, drei Monate nach ihrem Verlobten. Ihre Tochter, die zunächst in die Obhut ihrer Großmutter gekommen war, starb zwei Monate später im Krankenhaus Eberswalde/Mark – ob aufgrund schlechter Versorgung oder durch eine NS-Krankenmordaktion, ist ungeklärt.

ANNA BEYER

Büroangestellte, Politikerin
*1909 Frankfurt/Main; †1991 Frankfurt/Main

„Politik ist mein Leben" nannte sie ihre Autobiografie. Politisches
Interesse besaß Anna Beyer schon durch ihre familiäre Herkunft.
Mit zwei jüngeren Brüdern wuchs sie in einer sozialdemokrati-
schen Frankfurter Arbeiterfamilie auf. Ihr Vater Reinhold Robert
Beyer, ein bei der Stadt beschäftigter Buchbinder, war Gewerk-
schafter und in der SPD aktiv.

Anna Beyer wollte gern Lehrerin werden, doch das Geld der
Familie reichte nicht aus, um sie auf eine weiterführende Schule
zu schicken. Sie absolvierte eine kaufmännische Lehre in einem
Geschäft für „Schleier und Seidengewebe". Schon als 14-Jährige
schloss sie sich der „Sozialistischen Arbeiterjugend" (SAJ) an. In der
Dreiturm-Seifenfabrik Victor Wolf, in der sie ab 1926 als Büroangestellte arbeitete, lernte sie den Dreher Ludwig Gehm (1905–2002)
kennen, der dort als Fahrer beschäftigt war. Er wurde ihr engster
politischer Weggefährte. Inzwischen gehörte sie dem „Internationalen Sozialistischen Kampfbund" (ISK) an, den der Göttinger Phi-
losoph Leonard Nelson Anfang 1926 gegründet hatte. Der Bund
stand für einen ethischen Sozialismus und stellte strenge Anforde-
rungen an seine Mitglieder: keine Religionszugehörigkeit, kein Al-
kohol, keine Zigaretten, vegetarische Ernährung.

Hitlers Ernennung zum Reichskanzler Ende Januar 1933
entsetzte Beyer. Betroffen beobachtete sie Kinder, denen sie im
Auftrag des „Kampfbunds" einst Weltanschauungsunterricht er-
teilt hatte, wie sie zur Feier des 1. Mai 1933 begeistert ihre Ha-
kenkreuz-Fähnchen schwenkten. Sie schloss sich einer illegalen
Einheit von Frankfurter Genossen des ISK an, die in getrennten

Fünfergruppen organisiert waren und u. a. ihre oppositionelle Zeitung „Der Funke" verteilten.

Doch Beyer wollte mehr tun im Kampf gegen die NS-Diktatur. Mit einem Koffer, dessen Boden mit Schaumstoff-Buchstaben und einer Silbernitratlösung präpariert war, gingen sie und Ludwig Gehm, als Liebespaar getarnt, nachts durch die Stadt. Von Zeit zu Zeit stellten sie den Koffer ab, der auf dem Gehweg Parolen wie „Weg mit Hitler" hinterließ. Die Frankfurter Bevölkerung entdeckte sie am Morgen. Die Farbe ließ sich nur schwer wieder entfernen.

Um Geld für den Widerstand einzunehmen, eröffnete Beyer 1935 schließlich das vegetarische Restaurant „Vega" im Steinweg 10. Hier bot sie auch jüdischen Menschen, die nicht mehr essen gehen durften, Mahlzeiten an. Zugleich diente es als Anlaufstelle für den ISK. Die Tische waren mit ausgehöhlten Beinen versehen, in denen Flugblätter versteckt werden konnten. Das Restaurant geriet jedoch bald ins Visier der Gestapo. Gehm wurde dort Ende Dezember 1936 verhaftet und saß anschließend bis 1943 im Konzentrationslager. Beyer konnte damals ins französische Exil flüchten – ohne Familie oder Freunde zu benachrichtigen, um niemanden in Gefahr zu bringen. 1939 gelangte sie nach London, arbeitete zunächst als Hausangestellte und danach wieder in einem vegetarischen Restaurant des ISK. Schließlich ließ sie sich vom US-amerikanischen Militärnachrichtendienst „Office of Strategic Services" (OSS) sogar als Nachrichtenagentin ausbilden. Gemeinsam mit ihrer Freundin, der jüdischen Publizistin Hilde Meisel (auch Hilda Monte oder Hilda Olday, 1914–1945), gelangte sie in das besetzte Frankreich – per Fallschirm. Von dort aus erreichte sie zwar die Schweiz, schaffte es aber nicht, über die Grenze nach Deutschland zu kommen, um dort ihre Agententätigkeit aufnehmen zu können.

Mit der gleichen Energie, die sie im Widerstand gezeigt hatte, blieb Beyer auch nach Kriegsende politisch aktiv und engagierte sich als Sozialdemokratin u. a. in der hessischen Landesregierung.

Anna Beyer

EMMI BONHOEFFER

geb. Delbrück
Ehefrau des NS-Widerstandskämpfers Klaus Bonhoeffer
*1905 Berlin; †1991 Düsseldorf

Emmi (eigentlich Emilie) Bonhoeffer kam aus einer angesehenen
Berliner Akademikerfamilie. Ihr Vater war der Historiker Hans
Delbrück, ihre Mutter Caroline die Tochter des Chirurgen Karl
Thiersch und die Enkelin des Chemikers Justus von Liebig. Im
musisch geprägten, liberalen und weltoffenen Elternhaus in Berlin-Grunewald, in dem Emmi und ihre sechs Geschwister, wie sie
selbst sagte, „nicht deutsch, sondern europäisch erzogen" wurden,
verkehrten namhafte Persönlichkeiten. Besonders eng waren die
Delbrücks mit den Familien Bonhoeffer, Dohnanyi und Harnack
befreundet, die in der Nachbarschaft lebten. Zu ihnen gehörte Em-
mis Onkel, der evangelische Theologe Adolf von Harnack, sowie
ihr späterer Schwiegervater Karl Bonhoeffer, Professor für Psychi-
atrie und Neurologie und Leiter der Nervenklinik der weltbekann-
ten Berliner Charité. Die Kinder der vier Familien wanderten und
musizierten zusammen. Elisabeth von Dohnányi, eine ausgebildete Pianistin, gab Emmi und ihrer Schwester Hanni Klavierunter-
richt. Das geistige Klima der Familien, in denen Humanismus und
christliche Werte hochgehalten wurden, bildete den Grundstein
ihrer konsequenten oppositionellen Haltung während der Hitler-
Diktatur. „Nationalsozialist zu sein oder nicht", sagte Emmi Bonhoeffer rückblickend, „war eben nicht nur politische Ansichtssa-
che, sondern auch eine Charakterfrage."

Anders als viele Frauen ihrer Herkunft, wie ihre spätere Schwägerin Christine von Dohnanyi, geb. Bonhoeffer, studierte sie nicht.
Sie besuchte allerdings eine Zeitlang ein Musikkonservatorium in

Frankfurt/Main. Zuvor hatte sie auf eigenen Wunsch eine Hauswirtschaftsschule absolviert: „Ich wollte einfach eine gute Hausfrau sein, wenn ich heirate, wenn ich auch noch nicht wußte, wen." Im September 1930 heiratete sie ihren vier Jahre älteren Jugendfreund Klaus Bonhoeffer (1901–1945). Durch ihn befand sie sich bald im Zentrum des Widerstands. Er wurde in der Nachwelt zwar nie so bekannt wie sein jüngerer Bruder, der Theologe Dietrich Bonhoeffer, der als eine der Hauptfiguren des deutschen Widerstands gilt. Dennoch war Klaus Bonhoeffer bereits vor 1933 ein überzeugter Gegner des Nationalsozialismus, dessen eklatante Rechtsverstöße er als Jurist früh erkannt hatte.

Klaus Bonhoeffer galt als „Brückenbauer" des Widerstands. Gemeinsam mit seinem Bruder Dietrich, seinen Schwägern Hans von Dohnanyi und Justus Delbrück sowie Ernst von Harnack, einem Cousin seiner Frau, und Rüdiger Schleicher, der mit seiner Schwester Ursula verheiratet war, stand er in engem Kontakt zu verschiedenen oppositionellen Gruppen aus Kirchenkreisen, Sozialdemokraten und Militärs, in deren Staatsstreich- und Attentatspläne er eingeweiht war. Als Chefsyndikus der Lufthansa nutzte er seine häufigen Dienstreisen, um weitere Kontakte im Ausland zu knüpfen.

Emmi Bonhoeffer kannte zwar keine Details, wusste aber „in großen Zügen Bescheid" und stand loyal zu den politischen Überzeugungen ihres Manns. „Es kommt nicht darauf an", sagte sie später, „dass der Weg, den wir gehen zum Ziel führt, es kommt nur darauf an, dass es der richtige ist." Sie war zwar nicht dabei, wenn sich seine Freunde und Verbündeten abends bei ihnen trafen. Aber sie hielt nach möglichen Spitzeln Ausschau, während sich die Männer in der Bibliothek ihres Hauses besprachen. Und sie führte verschlüsselte Telefonate, „z. B. mit Ernst Harnack in Zehlendorf, er solle kommen und die Flöte mitbringen, wir hätten ein Quartett zusammen. Das hieß: Bring das Geld für den Ge-

neralstreik nach dem Attentat mit; Leuschner [der Gewerkschafter Wilhelm Leuschner] ist da."

Zweieinhalb Monate nach dem gescheiterten Hitler-Attentat
durch Oberst Claus Schenk Graf von Stauffenberg am 20. Juli 1944
wurde Klaus Bonhoeffer im Haus seiner Schwester Ursula verhaftet und am 2. Februar 1945 zum Tod verurteilt. Da der Präsident
des Volksgerichtshofs Roland Freisler am Tag darauf bei einem
Bombenangriff ums Leben gekommen war, hoffte Emmi Bonhoeffer, das Leben ihres Manns noch retten zu können. Mehrfach
schmuggelte sie Bücher mit codierten Botschaften oder Kassiber
ins Gefängnis. Den ebenfalls inhaftierten Juristen Hans John bat
sie, „er solle (...) seine Aussage im Prozeß widerrufen. Die Mit-
teilung legte ich in den doppelten Deckel eines Joghurts; um zu
erfahren, ob er meine Nachricht erhalten hatte, bat ich ihn, sich
beim nächsten Mal Zahnpasta zu wünschen."

„Mit Hilfe eines sehr anständigen Ministerialrats im Justizmi-
nisterium, der kein Nazi war" konnte sie schließlich die Akte ihres
Manns verschwinden lassen. „Vor der Exekution", schrieb sie rückblickend, „mußte nämlich der Justizminister die Akte gegenzeich-
nen. So war ich ganz zuversichtlich." Sie rechnete fest mit der Freilassung ihres Manns und schmückte bereits das Haus zu seinem
Empfang, wie sie damals in ihr Notizbuch schrieb.

Statt frei zu kommen, wurde ihr Mann jedoch in der Nacht des
22. April 1945 zusammen mit Rüdiger Schleicher, seinen Berufskollegen Hans John und Justus Perels sowie anderen Verbündeten
auf einem Berliner Ruinengrundstück nahe des Moabiter Zellen-
gefängnisses von einem SS-Sonderkommando erschossen. Die
Rote Armee rückte zu dieser Zeit bereits auf Berlin vor und die
Widerstandskämpfer sollten nicht lebend in die Hände des Feindes
fallen, weil sie zu viel wussten. Emmi Bonhoeffer erfuhr erst am
30. Mai von seinem Tod. Vergeblich hatte sie in sämtlichen Berliner
Gefängnissen nach ihm gesucht.

Durch die Nationalsozialisten hatte sie nicht nur ihren Mann, sondern auch eine Reihe guter Freunde und enger Verwandter verloren. Ihr Cousin Ernst von Harnack wurde im März 1945 im Gefängnis Berlin-Plötzensee hingerichtet, ihr Schwager Hans von Dohnanyi starb am 8. April im KZ Sachsenhausen, Dietrich Bonhoeffer wurde am 9. April im KZ Flossenbürg erschossen. Ihr Bruder Justus Delbrück, der nach dem Hitler-Attentat vom 20. Juli 1944 inhaftiert worden war, kam zwar kurz vor Kriegsende frei, wurde aber wenig später von den Sowjets in ein Untersuchungslager in Brandenburg gebracht, in dem er ein halbes Jahr später an Diphterie starb.

Anfang Juni 1945 gelangte Emmi Bonhoeffer in einer strapaziösen und gefährlichen Reise per Zug und Fahrrad aus dem zerstörten Berlin schließlich zu ihren nach Schleswig-Holstein evakuierten Kindern Thomas, Cornelia und Walter. Das Reihenhaus in der Alten Allee 11 in Berlin-Eichkamp, in dem die Familie seit 1937 gelebt hatte, war kurz vor Kriegsende bei einem Bombenangriff zerstört worden. Emmi Bonhoeffer hatte sich gerade noch aus dem einstürzenden Gebäude retten können.

Statt sich der Trauer um ihren Ehemann und ihre Angehörigen hinzugeben, übernahm sie Verantwortung. Sie baute einen Hilfsring für die Verteilung von Lebensmitteln und Kleidung auf, die als Care-Pakete aus den USA kamen. In den kommenden Jahren engagierte sie sich gegen das Vergessen und für ein ehrendes Andenken an die Frauen und Männer im Widerstand des „20. Juli 1944", die bei vielen Deutschen als „Volksverräter" diffamiert wurden. Sie engagierte sich auch bei Amnesty International und betreute im Auftrag des Roten Kreuzes Zeugen, die zum Frankfurter Auschwitz-Prozess 1963/64 aus Israel und den USA angereist waren, worüber im Jahr darauf ihr Buch „Zeugen im Auschwitz-Prozess – Begegnungen und Gedanken" entstand.

CATO BONTJES VAN BEEK

Keramikerin
*1920 Bremen; †1943 Berlin

Cato Bontjes van Beek gehört zu den bis heute in der Öffentlichkeit noch immer wenig bekannten jungen Frauen, die im Widerstand gegen das Naziregime aktiv waren und dafür sterben mussten. Sie war erst zwölf, als Hitler an die Macht kam. „Ihr Alten tut
ja nichts", meinte sie später. „Ihr redet ja nur, dann müssen wir
Jungen es eben tun."

Mit ihren Geschwistern Mietje und Tim war sie in einem liberalen Künstlerhaushalt im niedersächsischen Dorf Fischerhude
nahe Bremen aufgewachsen, das durch prominente Maler wie Otto
Modersohn, der in dritter Ehe ihre Tante Louise Breling geheiratet
hatte, bekannt geworden war. Ihre Mutter Olga war Tänzerin und
Malerin, ihr Vater Jan Keramiker. Im „gastfreundlichen kleinen Haus
der Familie atmete man die Luft der Musik, der Malerei, der Kera-
mik", erinnerte sich rückblickend der spätere Bundeskanzler Helmut Schmidt, der die Familie damals oft in Fischerhude besuchte.

Bontjes van Beek war ein lebenslustiger, unbekümmerter
Mensch mit Interesse an Literatur und Kunst und großer Begeisterung für das Segelfliegen. „Nur leben will ich, leben!", sagte sie.
„Das ist mein Wunsch!" In Kontakt zum nationalsozialistischen
Widerstand kam sie in der Berliner Werkstatt ihres Vaters, in der
sie eine Ausbildung zur Keramikerin begonnen hatte. 1941 lernte
sie hier Libertas Schulze-Boysen kennen, die zur „Roten Kapelle"
gehörte. Bontjes beteiligte sich bald an den konspirativen Aktivitäten der Widerstandsgruppe. Im Gedränge der Berliner S-Bahn-
stationen verteilte sie Flugblätter, die sie oft zusammen mit Zigaretten oder einem Stück Seife in die Manteltaschen ausländischer

Zwangsarbeiter steckte. Mit ihrem Lebensgefährten Heinz Strelow (1915–1943), einem jungen Lyriker und Kommunisten, überarbeitete und vervielfältigte sie die von Harro Schulze-Boysen, dem Vordenker der „Roten Kapelle", verfasste „Agis"-Flugschrift „Die Sorge um Deutschlands Zukunft geht durch das Volk" mit einem Appell an die Bevölkerung, „Gehorsam und Pflichterfüllung" zu verweigern, die im Februar 1942 an ausgewählte Persönlichkeiten, unter ihnen Pfarrer, Ärzte und Rechtsanwälte, geschickt wurde. Das Paar zog sich anschließend aus der Gruppe zurück, da sie Schulze-Boysen als „ehrgeizige Abenteurernatur" empfanden und sich deshalb nicht weiter an seinen Aktionen beteiligen wollten. Das sagten sie jedenfalls später vor der Gestapo aus.

Am 20. September 1942 wurde Bontjes gemeinsam mit ihrem Vater, der später freikam, in ihrer Berliner Wohnung am Charlottenburger Kaiserdamm 22 festgenommen, am 1. Oktober schließlich auch Heinz Strelow, der wegen „Vorbereitung zum Hochverrat und wegen Kriegsverrats" am 13. Mai 1943 hingerichtet wurde. Bontjes, die allenfalls eine Strafe von zwei Jahren erwartet hatte, starb am Abend des 5. August 1943 mit 15 weiteren Verbündeten wegen „Beihilfe zur Vorbereitung zum Hochverrat und zur Feindbegünstigung" in der NS-Hinrichtungsstätte Berlin-Plötzensee durch die Guillotine. „Ich habe mich mit allem ausgesöhnt", sagte sie kurz vor ihrem Tod dem Gefängnispfarrer. „Ich habe keinen Hass und bin Niemandem gram. Ich liebe die Menschen wie vorher. Nein, ich möchte nicht zurück. Ich will vorwärts. Dies ist kein Ende."

Bontjes van Beek wurde nur 22 Jahre alt. Familie und Freunde, ja sogar ihre Kolleginnen aus der Berliner NS-Frauensegelfluggruppe hatten sich vergeblich für ihre Begnadigung eingesetzt. Selbst NS-Reichsmarschall Hermann Göring hatte „in Würdigung ihrer Persönlichkeit und ihrer in Grenzen liegenden Beteiligung" die Umwandlung des Todesurteils in eine „angemessene Freiheitsstrafe" vorgeschlagen. Hitler aber verwarf sämtliche Gnadengesuche.

HANNAH GRÄFIN VON BREDOW

geb. von Bismarck

*1893 Schönhausen/Elbe; †1971 Hamburg

Sie habe „keine Chancen, in der neuen Welt mitzukommen, denn Sie markieren den Typ der Dame, der jedem Deutschen jetzt ein Brechmittel ist", sagte ihr ein Nationalsozialist damals unverschämt ins Gesicht, „für uns gilt nur das Mädchen oder das Weib". Von derartig dreisten Frechheiten ließ sich die resolute Hannah Gräfin von Bredow nicht beeindrucken. Von Anfang an eine entschiedene Nazigegnerin, wagte sie stets offen Kritik am NS-Regime. Schon vor seiner Machtübernahme hatte sie vor Hitler gewarnt. „Wenn er Diktator wird", notierte sie 1930 in ihr Tagebuch, „wird Deutschland ein Irrenhaus." Terror und Judenverfolgung hatte sie vorausgesehen.

Dabei gehörte Bredow zu den „höheren Töchtern", die sich mit Politik eigentlich nicht beschäftigten. Sie stammte aus besten gesellschaftlichen Kreisen. Herbert Fürst von Bismarck und Marguerite Gräfin Hoyos Freiin von Stichsenstein waren ihre Eltern, der erste deutsche Reichskanzler Otto von Bismarck ihr Großvater. Die Familie lebte auf den Bismarckschen Gütern in Schönhausen an der Elbe im heutigen Sachsen-Anhalt sowie in Schleswig-Holstein auf Friedrichsruh. Standesgemäß erhielt von Bredow Privatunterricht. Englisch und Französisch sprach sie akzentfrei. Sie genoss „auf Ausflügen, Ausritten, Tanzabenden, bei Vorträgen, Konzerten und Theaterbesuchen den Umgang mit den Söhnen und Töchtern der alten Familien des Guts- und Militäradels sowie mit den Spitzen des Groß- und Bildungsbürgertums. Auf Bällen bei Hof und in Botschaften, in hochadligen Palais und großen adligen Salons bewegte sie sich in den Kreisen der alten Hof-, Diplomaten- und Regierungseliten. In den besten Hotels nahm sie an gesellig-repräsentativen Essen teil", schreibt ihr Biograf Reiner Möckelmann. Dabei betrachtete Hannah von Bredow, die von Jugend an politisch interessiert war, es als Fehler, „als Frau geboren zu sein, wenn man geistige Interessen hat". Ihre Mutter hatte ihr nicht erlaubt, das Abitur zu machen: „gebildete Mädchen sind beliebt, aber studierende (...) verhasst. Lass' es mir zu lieb."

1915 heiratete sie den 18 Jahre älteren, verwitweten Rittmeister Leopold von Bredow, mit dem sie sich in Potsdam niederließ und zwischen 1916 und 1933 acht Kinder bekam. Ihr Leben verlief weiter in den Konventionen ihrer Klasse, bis ihr Mann im Herbst 1933 im Alter von nur 58 Jahren plötzlich starb und sie für Marguerite, Alexandra, Diana, Wolfgang, Philippa, Maria, Herbert, den erst wenige Monate alten Leopold-Bill und die Stieftochter Friederike aus der ersten Ehe ihres Manns allein zu sorgen hatte. Das hinderte sie allerdings nicht daran, sich weiter am gesellschaftlichen Leben zu beteiligen und die politische Entwicklung in Deutschland genau zu verfolgen. Durch ihre Brüder Otto und Gottfried, die beide der NSDAP angehörten, sowie Kontakte zu hochrangigen Politikern und Diplomaten, die in ihren Kreisen verkehrten, erhielt sie Informationen aus erster Hand. 1932 war sie beim späteren NS-Reichsmarschall Hermann Göring zu Gast, bei Reichskanzler Franz von Papen lernte sie im gleichen Jahr auch Adolf Hitler persönlich kennen. Seine Machtübernahme am 30. Januar 1933 konstatierte sie mit den Worten: „Die Welt ist aus den Fugen, und wir können nur abwarten, bis uns das Genick umgedreht wird." Ihrem Bruder Gottfried sagte sie, „dass es nur eines gibt, um das arme Land zu retten: Kampf mit allen Mitteln des Verstandes und mit eiskalter Berechnung, denn die Irren kann man nie überzeugen." Einer jüdischen Freundin riet sie bereits im Februar 1933, an Auswanderung zu denken.

Den Hitlergruß verweigerte Bredow, ihre acht Kinder hielt sie aus NS-Organisationen fern, sie gehörten nicht zur Hitlerjugend.

An ihren jüdischen Freundschaften hielt sie unbeirrt fest. Den Potsdamer Bankier Otto von Mendelssohn Bartholdy, ein Enkel des berühmten Komponisten Felix Mendelssohn Bartholdy, bewahrte sie 1943 mithilfe ihres Bruders Gottfried, damals Regierungspräsident von Potsdam, vor der Deportation ins KZ Theresienstadt. Als gläubige evangelische Christin schloss sie sich der „Bekennenden Kirche" um den Pfarrer der St. Annen-Gemeinde in Berlin-Dahlem, Martin Niemöller, an, die sich gegen die nationalsozialistische Gleichschaltung der Kirche wandte. Auch in der oppositionellen Berliner „Teegesellschaft" um die Diplomatenwitwe Johanna Solf und deren Tochter Lagi Gräfin von Ballestrem verkehrte sie regelmäßig. Dass sie dem Treffen am 10. September 1943 ferngeblieben war, rettete ihr das Leben. Ein Gestapo-Spitzel hatte die Gruppe verraten.

NS-Gegner trafen sich natürlich auch in Bredows eigener Villa in der Potsdamer Menzelstraße. In Potsdam lebten auch andere Regimegegner, unter ihnen Maimi von Mirbach, Ulrich von Hassell, Ulrich-Wilhelm von Schwerin von Schwanenfeld, Henning von Tresckow oder Carl-Heinrich von Stülpnagel. Ob Bredow sie persönlich kannte, bleibt jedoch ungewiss.

Ab 1933 befand sie sich im Visier der Gestapo, die eine Liste ihrer „Verfehlungen" anlegte: Umgang mit „dubiosen Elementen", also Juden und Ausländern, „Erziehung der Kinder zu Staatsfeinden", „gefährliche Rede", Beleidigung von NS-Größen und Auslandsspionage, weil sie viel und ausgiebig ins Ausland fahre. Schließlich wurde sie sogar als „französische Spionin" verdächtigt. An die Enkelin des legendären Otto von Bismarck, dessen „eisernen" Charakter sie geerbt haben soll, trauten sich allerdings auch die Nazis nicht richtig heran.

Nach dem gescheiterten Hitler-Attentat vom 20. Juli 1944 allerdings wurden vier ihrer Töchter, unter ihnen Philippa, die mit Oberleutnant Werner von Haeften, dem loyalen Adjutanten Stauffenbergs, liiert war, verhaftet. Ebenso ihr Bruder Gottfried, der im Verdacht stand, an den Attentatsplänen beteiligt gewesen zu sein, und ihr enger Vertrauter, der ehemalige Marineoffizier Sydney Jessen. Bredow selbst, die bereits 1937 in Wien von der Gestapo festgenommen und verhört worden war, entging der Verhaftung nur, weil sie sich gerade in der Schweiz aufhielt. Anfang November 1944 schwer herzkrank zurückgekehrt, wurde sie zwei Wochen lang am Krankenbett in der Berliner Charité durch die Gestapo verhört. Sie ließ sich nicht einschüchtern: „Angst vor Menschen? Und vor Nazis? Wie sollte ich?" Die Verhöre, die ihre Mitwisserschaft an Staufenbergs Attentats- und Staatsstreichplänen, in die sie tatsächlich nicht involviert gewesen war, ans Licht bringen sollten, blieben ergebnislos.

Wie Hitlers Aufstieg sah Hannah von Bredow schließlich auch den kommenden Zusammenbruch der Nazidiktatur voraus. Am ersten Januar 1945 notierte sie: „Das Jahr bedeutet das Ende des verdammten Reichs, das 1000 Jahre dauern sollte. Der Krieg wird noch den Winter durch anhalten. Er wird im Mai oder Juni enden." Genauso kam es: Am 8. Mai kapitulierte Deutschland, das Nazireich existierte nicht mehr. Der Zweite Weltkrieg in Europa war beendet.

Da Potsdam Teil der sowjetischen Besatzungszone geworden war, ließ sich von Bredow 1946 in Les Diablerets in den Schweizer Alpen nieder, wo sie seit Jahren ihren Urlaub verbrachte. Ihre kritischen Ansichten zum NS-Regime sind in den erhaltenen Briefen an ihren Freund Jessen und ihrem 1949 verfassten Essay „Gedanken über das Phänomen Angst" nachzulesen.

EVA-MARIA BUCH
Dolmetscherin, Sprachlehrerin
*1921 Berlin; †1943 Berlin

Was bewog eine junge, behütet aufgewachsene Frau wie Eva-
Maria Buch zum Widerstand gegen den Nationalsozialismus? Von
ihren Eltern war sie katholisch erzogen worden. Sie besuchte die
St. Ursula-Schule, eine konfessionelle Privatschule für „höhere
Töchter", die im Mai 1939 von den Nazis geschlossen wurde. Buch
wurde Dolmetscherin und gab ab 1940 Sprachunterricht an der
Auslandswissenschaftlichen Fakultät der Berliner Universität.

Im Antiquariat Gsellius in der Berliner Mohrenstraße lernte
sie 1940 ihren späteren Verlobten, den 19 Jahre älteren Journalisten Wilhelm Guddorf kennen, der wegen Mitarbeit am KPD-
Zentralorgan „Die Rote Fahne" bereits in Haft gesessen hatte.
Durch ihn kam sie zur „Roten Kapelle". Der christliche Glaube gab ihr die Kraft und die Überzeugung für den Widerstand
gegen das NS-Regime, dem sie sich, so sagte es ihr Vater, der
Maler Walther Buch, „unter dem Eindruck der nationalsozialistischen Vernichtung aller menschlichen Werte" bedenkenlos
angeschlossen hatte. Erfüllt vom Geist der Bergpredigt wollte
sie jedem Menschen helfen und sich gegen die Inhumanität der
Nationalsozialisten einsetzen.

Längst nicht umfassend in die Aktionen ihrer Gruppe eingeweiht, half sie bei der Verbreitung der oppositionellen Zeitung
„Die innere Front – Kampfblatt für ein neues freies Deutschland"
und übersetzte einzelne Beiträge ins Französische, darunter einen
Aufruf an Zwangsarbeiterinnen und Zwangsarbeiter in der NS-
Rüstungsindustrie, die Produktion von „Bomben und Minen", die
letztlich ihre eigenen Angehörigen töten würden, zu sabotieren.

Nach der Enttarnung der „Roten Kapelle" wurde Buch am 11. Oktober 1942 in der Wohnung ihrer Eltern in Berlin-Mariendorf festgenommen. Sie saß in den Berliner Frauengefängnissen Kantstraße und Barnimstraße. Mit ihrem Tod rechnete sie nicht. Stattdessen berichtete sie sogar von freundschaftlichen Begegnungen: „Sicher wird für die Zukunft viel Positives aus diesen Erlebnissen entstehen. Das Gefängnis ist auch ein gutes Mittel der Völkerverständigung. Ich bin hier mit vielen Ausländern zusammengetroffen, wir haben interessante Unterhaltungen gehabt". Im Gefängnis begann sie sogar Polnisch, Tschechisch und Slowakisch zu lernen, erfuhr hier aber auch von der Hinrichtung ihres Verlobten am 13. Mai 1943. Ihre Eltern durften sie monatelang nicht besuchen.

Im Prozess vor dem Reichskriegsgericht Anfang Februar 1943, in dem neben vielen anderen auch Adam und Greta Kuckhoff zu den Angeklagten gehörten, wurde Buch, der die Richter „die Verschlagenheit einer Katholikin und die Staatsfeindlichkeit einer Kommunistin" unterstellten, wegen „Vorbereitung eines hochverräterischen Unternehmens und Feindbegünstigung" zum Tod verurteilt. Um andere zu schützen, hatte sie vorgegeben, den Sabotageaufruf in der „Inneren Front" nicht nur übersetzt, sondern selbst verfasst zu haben. Gefragt, ob sie ihre Tat bereue, antwortete sie: „Ich würde es wieder für nötig halten und tun."

Am frühen Abend des 5. August 1943 wurde die „zweiundzwanzigjährige frische, lebensfrohe Studentin", wie Gefängnispfarrer Harald Poelchau sie 1949 rückblickend beschrieb, in Berlin-Plötzensee durch die Guillotine hingerichtet. Wie im Fall von Liane Berkowitz, Cato Bontjes van Beek und anderen jungen Widerstandskämpferinnen hatte Hitler die Umwandlung der Todesstrafe in eine Haftstrafe abgelehnt. Der Gefängnisseelsorger sagte später: „Dann ging sie, mit demselben frohen Leuchten in ihren Augen (…), das wohl nur der am tiefsten versteht, der als Christ daran glaubt, dass der Tod ja nicht Ende ist, sondern Anfang eines eigentlichen Lebens bei Gott."

Eva-Maria Buch

ARACY DE CARVALHO
Konsulatsangestellte
*1908 Rio Negro; †2011 São Paulo (Brasilien)

Wie wurde eine junge Brasilianerin aus „gutem Haus" im nationalsozialistischen Deutschland zum „Engel von Hamburg"? Aracy
Moebius de Carvalho Guimarães Rosa besaß deutsche Wurzeln.
Ihr Vater war der portugiesische Kaufmann Amadeu Anselmo
de Carvalho, die Vorfahren ihrer Mutter Sidonie Moebius jedoch
stammten aus dem anhaltischen Halle (Saale). Moebius de Carvalho wuchs in São Paulo auf, wo sie 22-jährig den Deutschen Johann
Eduard Ludwig Tess heiratete, mit dem sie den Sohn Eduardo bekam.

Als die Ehe nach nur fünf Jahren scheiterte, ging sie mit ihrem
kleinen Sohn kurzentschlossen nach Hamburg, das sie 1926 während einer Europareise bereits kennengelernt hatte. Dort lebte ihre
Tante Lucy Luttmer, eine Schwester ihrer Mutter. Es wird vermutet, dass Moebius de Carvalho auf diese Weise der gesellschaftlichen Stigmatisierung entgehen wollte, der sie als von ihrem Mann
getrennt lebende Frau im streng katholischen Brasilien ausgesetzt
gewesen wäre. Dank ihrer perfekten Deutschkenntnisse fand sie in
Hamburg nach kurzer Zeit Arbeit in der Visa-Abteilung des bra-
silianischen Konsulats am Glockengießerwall. Da sie ihre Stelle
gewissenhaft ausübte und zudem auch Englisch und Französisch
beherrschte, vertraute man ihr schon bald die Leitung der Abtei-
lung an. Hier begann sie, den im „Dritten Reich" zunehmend entrechteten und verfolgten Juden heimlich Visa für die Einreise nach
Brasilien auszustellen. In den Anträgen umging sie dabei resolut
die restriktiven Aufnahmebestimmungen ihres Landes, indem sie
verschwieg, dass es sich um Juden handelte. Sie „fälschte" auch de-

ren Berufe, da unter anderem für Landwirte und Techniker höhere Einreisequoten galten. Zum Glück unterzeichnete der Konsul die Dokumente stets, ohne sie weiter zu prüfen. Die brasilianische Journalistin und Dokumentarfilmerin Eliane Brum sagte rückblickend über Moebius de Carvalho: „Allein mit einem kleinen Kind, fremd in einem Land am Rande des Wahnsinns und des Krieges, hatte sie den Wagemut, sich gegen die Politik ihres eigenen Landes aufzulehnen und ihren eigenen Chef zu hintergehen."

Ihre Hilfe beschränkte sich jedoch nicht allein auf die Beschaffung von Visa. Ein jüdisches Ehepaar versteckte sie in ihrer eigenen Wohnung, andere brachte sie bis zur Ausreise bei Bekannten unter. Einige von ihnen fuhr sie in der Diplomatenlimousine zum Hafen und brachte unauffällig Wertsachen für sie aufs Schiff. Dabei riskierte sie viel, denn sie verstieß nicht nur gegen brasilianische Verordnungen. Auf die Hilfe Verfolgter standen in NS-Deutschland hohe Strafen, wenn nicht der Tod. Und als bloße Angestellte des Konsulats besaß sie keine volle Amtsimmunität, die sie vor einer Verurteilung geschützt hätte.

Als der brasilianische Schriftsteller, Arzt und Diplomat João Guimarães Rosa (1908–1967) 1938 als Vizekonsul nach Hamburg kam, erhielt Moebius de Carvalho überraschend Unterstützung. Er teilte ihr Engagement für die entrechteten Juden in Deutschland und unterzeichnete selbst Visa-Anträge, wenn der Konsul abwesend war. Die beiden wurden ein Paar, später heirateten sie. 1942 kehrten sie nach Abbruch der deutsch-brasilianischen Beziehungen gemeinsam nach Brasilien zurück, wo Moebius de Carvalho während der Militärdiktatur zwischen 1964 und 1985 erneut selbstlose Menschenliebe zeigte und sich für verfolgte Landsleute einsetzte. Unklar bleibt, wie viele Menschen sie während des NS-Regimes rettete. Die Schätzungen gehen von um die 80 bis zu mehreren Hundert Verfolgten aus. Als sie später gefragt wurde, warum sie ein solches Risiko eingegangen sei, antwortete sie nur: „Weil das richtig war."

Aracy de Carvalho

HILDE COPPI

geb. Rake
Sekretärin
*1909 Berlin; †1943 Berlin

Wie über Liselotte Herrmann, Käthe Niederkirchner und andere Frauen, die zum kommunistischen Widerstand gehörten, existiert über Hilde Coppi bis heute keine Biografie. Aus ihrem kurzen Leben sind nur wenige, unspektakuläre Einzelheiten bekannt, wenngleich sie und ihr Mann in der DDR als Helden des antifaschistischen Widerstands geehrt wurden.

Hildes Vater Max war Täschner, er starb bereits 1915. Ihre Mutter betrieb ein kleines Lederwarengeschäft in der Berliner Invalidenstraße. Hilde Coppi selbst arbeitete später als Sekretärin und Sprechstundenhilfe in verschiedenen Arztpraxen. Ab 1939 war sie Sachbearbeiterin in der Reichsversicherungsanstalt für Angestellte.

In Berliner Kommunistenkreisen lernte sie den sieben Jahre jüngeren Hans Coppi kennen, der aus einer kommunistischen Arbeiterfamilie stammte, wegen der Verteilung NS-kritischer Flugschriften bereits im Gefängnis gesessen hatte und inzwischen als Dreher arbeitete. Im Juni 1941 heirateten sie. Gemeinsam engagierten sie sich im Kreis der linken Widerstandsorganisation „Rote Kapelle" um Arvid und Mildred Harnack sowie Libertas und Harro Schulze-Boysen, der die sogenannte Agis-Flugschrift verfasste. In ihr hieß es: „Niemand kann noch länger die Augen verschließen vor der Ungeheuerlichkeit des Geschehens, vor der uns alle bedrohenden Katastrophe der nationalsozialistischen Politik." Für die Versendung der brisanten Flugschrift organisierte Hilde Coppi an ihrer Arbeitsstelle das Papier, denn man „konnte nicht einfach mal 1000 Seiten Papier dort irgendwo kaufen", sagte ihr Sohn Hans Coppi junior rückblickend.

Sie beteiligte sich auch an der nächtlichen Zettelklebeaktion vom 18. Mai 1942, mit der Liane Berkowitz und weitere Widerstandskämpferinnen mit den Männern ihrer Gruppe gegen die antisowjetische Propagandaausstellung „Das Sowjetparadies" im Berliner Lustgarten protestierten.

Zuhause hörte Hilde Coppi den deutschsprachigen Dienst von „Radio Moskau" ab, der über die Zustände an der Ostfront berichtete und Grüße deutscher Kriegsgefangener an ihre Familien sendete. Dabei wusste sie, dass auf das Hören von „Feindsendern" die Todesstrafe stand. In ihrer Wohnlaube in einer Gartenkolonie am Stadtrand Berlins lagerte sie zuletzt ein Funkgerät, mit dem ihr Mann vergeblich versuchte, Funkkontakt nach Moskau aufzunehmen. Am 26. Juni 1941 gelang ihm ein einziger Probefunkspruch.

Nach Aufdeckung der „Roten Kapelle" wurde das Paar im September 1942 durch die Gestapo verhaftet. Hilde Coppi, die damals hochschwanger war, brachte im Berliner Frauengefängnis Barnimstraße Ende November ihren Sohn Hans junior zur Welt. Nur zwei Monate später wurde sie „wegen Vorbereitung zum Hochverrat in Tateinheit mit Feindbegünstigung, Spionage und Rundfunkverbrechen" zum Tod verurteilt. Die Vollstreckung wurde um ein halbes Jahr aufgeschoben, damit sie ihr Kind stillen konnte. Wie im Fall von Liane Berkowitz, die ebenfalls in Haft ein Kind geboren hatte, lehnte Hitler sämtliche Gnadengesuche ab.

Mit weiteren Regimegegnerinnen wurde Hilde Coppi am 5. August 1943 im Gefängnis Berlin-Plötzensee hingerichtet, wo fast ein dreiviertel Jahr zuvor bereits ihr Mann getötet worden war. Ihr kleiner Sohn wuchs bei ihren Eltern, später bei den Schwiegereltern in der DDR auf. Zum Abschied hatte sie ihren Angehörigen geschrieben: „ (…) werdet, soweit es angeht, glücklich mit unse-

rem kleinen Hans, der einer großen und glücklichen Liebe ent-
sprossen ist." Hans Coppi junior wurde Historiker, forschte zum
NS-Widerstand und der Widerstandtätigkeit seiner Eltern, die er
nie kennenlernen konnte.

INGE DEUTSCHKRON
Journalistin, Autorin
*1922 Finsterwalde (Brandenburg); †2022 Berlin

Mit außergewöhnlichem Mut, ungeheuerlichem Durchhaltevermögen und viel Glück überlebte Inge Deutschkron gemeinsam
mit ihrer Mutter Ella das „Dritte Reich" in Berlin – fast zweieinhalb Jahre davon in wechselnden Verstecken. Die sogenannten Ju-
denerlasse des NS-Regimes dabei möglichst zu missachten und zu
umgehen, war ihre Überlebensstrategie und ihre eigene Form des
Widerstands gegen ein System, das ihren Tod wollte.

In ihrer 1978 erschienenen, längst berühmten Autobiografie
„Ich trug den gelben Stern" schreibt sie, erst 1933 erfahren zu haben, dass sie Jüdin sei. Sie war damals zehn Jahre alt. „Was war das,
eine Jüdin? (…) Ich war ohne Religion aufgewachsen. Ja, ich kannte
noch nicht einmal die Bedeutung dieses Wortes. (…) Meine Eltern
hatten sich längst von der Religion gelöst."

Wie für die gesamte jüdische Bevölkerung in Deutschland
begann mit der Machtübernahme der Nationalsozialisten Ende
Januar 1933 auch für die Familie Deutschkron eine Zeit der Not
und Angst. Als Jude und Sozialdemokrat gleich zweifach verfolgt, verlor der Vater Martin bereits ein Vierteljahr darauf seine Stelle als Lehrer an einem Gymnasium in Berlin-Wedding. Er
fand zwar eine neue Arbeit an der zionistischen Theodor-Herzl-
Schule, wurde aber durchgehend von der Gestapo überwacht.
Im April 1939 konnte er nach Großbritannien emigrieren. Seine
Londoner Cousine Daisy Landa bezahlte die hohe Garantie-
summe für Einwanderer. Da sie das erforderliche Geld nur für
ihn hatte aufbringen können, blieben Mutter und Tochter mit
der Abmachung, bald nachgeholt zu werden, in Berlin zurück.

Doch schon kurz nach Kriegsbeginn im September 1939 brach der Kontakt nach Großbritannien ab.

Inge und Ella (1892–1971) Deutschkron durchlitten in den kommenden Jahren alle Demütigungen und Entrechtungen, denen die jüdische Bevölkerung zunehmend ausgesetzt war. Der Besuch von Museen, Kinos, Theatern, Konzertsälen, Schwimmbädern und Parks wurde ihnen untersagt. Sie mussten Pelze, Fotoapparate und Elektrogeräte abliefern, das Telefon wurde abgeschaltet, ein nächtliches Ausgangsverbot verfügt, Einkaufszeiten eingeschränkt. Ab Herbst 1941 mussten auch die Deutschkrons den „Judenstern" sichtbar an der Kleidung tragen. Trotzdem wagte es Inge Deutschkron, aus der inzwischen eine unternehmungslustige junge Frau geworden war, abendliche Veranstaltungen zu besuchen. Dabei ersann sie „einen Weg, mit dem ‚Stern' aus dem Haus zu gehen und irgendwo im Dunkeln, die Jacke mit dem ‚Stern' durch eine ohne ‚Stern' zu ersetzen, die ich in einer Tasche mit mir trug."

Eine höhere Schule hatte sie als Jüdin nach 1933 nicht mehr besuchen dürfen. Sie ließ sich nach Abschluss der jüdischen Mittelschule in der Großen Hamburger Straße am jüdischen Kindergärtnerinnen-Seminar ausbilden und arbeitete als Haus- und Kindermädchen, bis alle Juden im April 1940 zur Zwangsarbeit in einer Fabrik verpflichtet wurden. „Ich kam zu ACETA, einer Tochterfirma der IG-Farben in Lichtenberg, in der Fallschirmseide produziert wurde. Es bedeutete, zehn Stunden an der Maschine zu stehen". Inge Deutschkron fand einen gewagten Ausweg: Durch ständiges Tragen von Schuhen mit hohen Absätzen fügte sie sich so starke Kniebeschwerden zu, dass sie keine stehende Arbeit mehr ausführen konnte. Sie erreichte ihre Entlassung und fand Arbeit im Büro der Blindenwerkstatt, die der Unternehmer Otto Weidt im Hintergebäude Rosenthaler Straße 39 in Berlin-Mitte betrieb (heute Museum Blindenwerkstatt Otto Weidt). Er beschäftigte bevorzugt blinde oder auch gehörlose Juden, um sie vor dem Zugriff der Nazis zu schützen. Mindestens 25 Menschen, für die er auch Verstecke ausfindig machte, sollen ihm ihr Leben verdanken. Um an öffentliche Aufträge zu kommen, bestach er viele Nazifunktionäre. „Er hatte einen großen Auftrag für Besen und Bürsten von der Wehrmacht", so Inge Deutschkron, „was seiner Werkstatt den Titel eines wehrwichtigen Betriebs einbrachte." Sie arbeitete hier zwei Jahre lang mit gefälschten Papieren unter den Namen Gertrud Dereszewski und Inge Richter.

Eine eigene Wohnung besaßen Inge und Ella Deutschkron damals schon längst nicht mehr. Auf ihre baldige Auswanderung hoffend, lebten sie zur Untermiete, bis sie 1942 zwangsweise in einem sogenannten Judenhaus in der Bamberger Straße 22 im Bayerischen Viertel einquartiert wurden. Um der drohenden Deportation in ein NS-Vernichtungslager zu entgehen, versteckten sie sich ab Januar 1943 schließlich als „geflitzte" Jüdinnen in wechselnden Unterkünften. Sobald das Risiko zu groß wurde, mussten sie gehen. Ihr erstes Versteck in einem Hinterraum der Wäscherei des Ehepaars Franz und Emma Gumz in der Knesebeckstraße in Berlin-Charlottenburg mussten sie schon nach wenigen Wochen wieder verlassen. Eine Nachbarin war misstrauisch geworden und begann Fragen zu stellen. Otto Ostrowski, ein alter Freund der Deutschkrons, der zur Widerstandsgruppe „Roter Stoßtrupp" gehörte, die Verstecke für Verfolgte organisierte, vermittelte ihnen eine neue Unterkunft im Stadtteil Halensee, Westfälische Straße 64, wo seine Lebensgefährtin Grete Sommer ein Papierwarengeschäft besaß. Als „arische Freundin" leitete Inge Deutschkron dort anderthalb Jahre lang fast allein den kleinen Laden. „Hinter dem Tresen legten wir jeden Abend Matratzen aus. Im Keller gab es eine Toilette und ein Waschbecken."

Zuletzt hatten sie und ihre Mutter bei Lisa Holländer in der Sächsischen Straße 26 im Berliner Bezirk Wilmersdorf fast so etwas wie ein Zuhause gefunden. Holländer, deren Mann, ein jüdischer Kaufmann, im KZ ermordet worden war, hasste die Nazis und war sofort bereit gewesen, den Deutschkrons zu helfen. Die drei Frauen lebten wie eine kleine Familie miteinander – bis die Wohnung Ende Januar 1944 nach einem Fliegerangriff ausbrannte. Mit Hilfe von Walter Rieck, einem weiteren Freund aus früheren Zeiten, kamen Inge und Ella Deutschkron als „ausgebombte Berliner" in einem ehemaligen Ziegenstall in Potsdam unter. Kurz vor Kriegsende fassten Mutter und Tochter den Mut, einen Zug nach Lübbenau im Spreewald zu nehmen. Von dort kehrten sie nach Berlin zurück, um sich unter den Namen Ella Paula Richter und Inge Elisabeth Marie Richter aus Guben als Flüchtlinge, die Gepäck und Papiere verloren hatten, registrieren zu lassen.

Mit dem Einmarsch der Roten Armee in Potsdam am 22. April 1945 endete die Leidenszeit der Deutschkrons. Nach sechs Jahren der Trennung konnten sie Kontakt zum Vater aufnehmen, aber erst im Sommer 1946 nach Großbritannien einreisen. Inge Deutschkron kehrte Mitte der Fünfzigerjahre als Korrespondentin der israelischen Zeitung „Maariv" nach Deutschland zurück. Entsetzt über die mangelnde Vergangenheitsbewältigung der Deutschen ließ sie sich 1972 in Israel nieder. Ab 2001 lebte sie wieder in Berlin, wo sie sich mit Veröffentlichungen und Vorträgen unablässig für das Gedenken an den Holocaust engagierte. Ihrer Initiative ist es auch zu verdanken, dass heute Gedenktafeln an die „Stillen Helden" erinnern, die ihr und den anderen ca. 1700 jüdischen Berlinerinnen und Berlinern geholfen hatten, die Jahre der Nazidiktatur zu überstehen. Mehr als 20 Menschen, berichtete Inge Deutschkron rückblickend, hätten allein zu ihrem Überleben beigetragen.

MARLENE DIETRICH
Schauspielerin, Sängerin
*1901 Schöneberg (heute zu Berlin); †1992 Paris

Als Varieté-Sängerin „Lola-Lola" im Spielfilm „Der blaue Engel",
einer von dem US-amerikanischen Regisseur Josef von Sternberg
gedrehten Filmadaption des Heinrich-Mann-Romans „Professor
Unrat", wurde die 29-jährige Marlene Dietrich zum Star. Schon
wenige Stunden nach der Premiere des Films am 1. April 1930 im
Berliner Gloria Palast reiste sie nach Hollywood ab – mit einem
Vertrag der Paramount Studios im Gepäck. Die disziplinierte preußische Beamtentochter verstand es, sich im rigiden US-amerikanischen Filmgeschäft zu etablieren und drehte mit Starregisseuren
wie Alfred Hitchcock, Orson Welles und den Berliner Emigranten
Ernst Lubitsch, Fritz Lang und Billy Wilder.

Wenige Jahre darauf versuchte NS-Propagandaminister Joseph
Goebbels, der stolz darauf war, „dreitausend Juden und Judengenossen
aus dem deutschen Kulturleben" vertrieben zu haben, nun aber Mühe
hatte, die entstandene Lücke wieder auszufüllen, Marlene Dietrich
wieder zurückzugewinnen. Der spätere NS-Außenminister Joachim
von Ribbentrop, damals noch deutscher Botschafter in Großbritannien, wurde beauftragt, sie bei ihrem Aufenthalt in London Ende 1936
abzuwerben. Einen erneuten Versuch unternahm im Jahr darauf der
Intendant des Berliner Deutschen Theaters Heinz Hilpert in Paris. Für
jeden in Deutschland gedrehten Film wurden ihr 200.000 Reichsmark,
freie Wahl des Stoffs, des Produzenten und des Regisseurs garantiert.
Dietrich lehnte ab. Mit den Nazis wollte sie nichts zu tun haben.

Stattdessen nahm sie 1939 die US-amerikanische Staatsbürgerschaft an, bürgte für deutsche Emigranten, gab Truppenkonzerte auf
US-Militärbasen und sammelte Geld für Kriegsanleihen, wenn auch

Marlene Dietrich

nicht ohne Zweifel. „Ich gehe auf Tournee, um für Kriegsanleihen zu werben, mit deren Hilfe man Bomben kauft, um Berlin zu bombardieren, wo Mutter immer noch lebt", schrieb sie in ihr Tagebuch. Gegen Kriegsende rief sie die Deutschen im Auftrag des US-Geheimdienstes OSS (Office of Strategic Services) im Radio zum Aufgeben auf. Dafür wurde sie in der NS-Presse als Landesverräterin diffamiert.

Im September 1944 kam Dietrich mit der US-Army nach Europa, am 1. Oktober ins befreite Paris und 1945 schließlich nach Deutschland. Hier erfuhr sie zu ihrem Entsetzen, dass ihre zwei Jahre ältere Schwester Elisabeth im niedersächsischen Bergen-Belsen mit ihrem Mann Georg Will ein Truppenkino betrieben hatte, in dem auch SS-Männer aus dem nahegelegenen KZ verkehrt hatten. Dietrich unterstützte ihre Schwester zeitlebens finanziell, traf sie privat, bekannte sich aber nie öffentlich zu ihr.

Die NS-Zeit blieb auch in ihren Filmen ein Thema für Dietrich. 1948 verkörperte sie in Billy Wilders Komödie „A Foreign Affair" eine Berliner Nachtclubsängerin, die einst Nazis und danach amerikanische G.I.s bezirzte – eine Satire um die Moral im Nachkriegsdeutschland. Dietrich sang hier erneut Lieder des legendären Filmkomponisten Friedrich Hollaender, der Deutschland in den 1930er Jahren hatte verlassen müssen, weil er Jude war. „Ich bin von Kopf bis Fuß auf Liebe eingestellt" und andere Hollaender-Kompositionen hatten einst entscheidend zu ihrem Erfolg im „Blauen Engel" beigetragen.

1961 übernahm sie eine letzte Filmrolle in Stanley Kramers mitreißendem Spielfilm „Judgement at Nuremberg" („Das Urteil von Nürnberg"), der auf den 1947 durchgeführten Nürnberger Juristenprozessen gegen hohe NS-Richter basiert. Hier spielte sie „Frau Bertholt", die Witwe eines Wehrmachtsgenerals, der als Kriegsverbrecher durch die Alliierten hingerichtet worden war – eine Frau, die wie viele andere Deutsche, auf die Konfrontation mit den nationalsozialistischen Gräueltaten mit Ablehnung und Feindseligkeit reagiert. Sie hätten doch schließlich nichts davon gewusst.

MARTHA DODD
Journalistin, Schriftstellerin
*1908 Ashland (Virginia/USA); †1990 Prag

„Ich erinnerte mich an Hitler als Clown, der wie Charlie Chap-
lin aussah, Bücher verbrennen ließ und entgegen der Voraussagen
weiser und erfahrener Leute eine Diktatur errichtet hatte." Als
William E. Dodd von US-Präsident Franklin D. Roosevelt im Sommer 1933 zum US-Botschafter in Deutschland ernannt wurde, begleitete ihn, neben seiner Ehefrau und seinem Sohn Bill, auch seine
24 Jahre alte Tochter Martha. Bei ihrer Ankunft in Berlin kannte sie
weder das Land noch hatte sie als junge US-Amerikanerin einen
Begriff von der Bedeutung einer Diktatur. „Mich setzte man mit
einem jungen Mann, der wie ich bald erfuhr, unser Protokollchef
war, zusammen in einen Wagen. (…) Er wies mich auf die Sehens-
würdigkeiten Berlins hin. Wir fuhren um das Reichstagsgebäude
herum, auf das er mich pflichtschuldigst aufmerksam machte. Ich
rief aus: ‚Oh, ich dachte, es sei niedergebrannt!' (…) Nach einigen
Fragen (…) beugte er sich zu mir herüber und sagte: Pst! Junge
Dame, Sie müssen lernen, gesehen und nicht gehört zu werden.
Sie sollten nicht so viel reden und nicht so viele Fragen stellen. Dies
ist nicht Amerika, Sie können nicht alles sagen, was sie denken."

Obwohl sie bereits bei einer ersten Sightseeing-Tour durch
Deutschland Augenzeugin antisemitischer Übergriffe geworden
war, war Martha Dodd von dem für sie fremden Land und der
nationalsozialistischen Euphorie mit Fahnen und Uniformen, za-
ckigen Paraden und inszenierten Aufmärschen anfangs schlichtweg begeistert. Sie genoss das neue, aufregende Leben in einer
ihr bizarr und zugleich faszinierend erscheinenden Welt und ließ
sich von den Massen mitreißen. „Die Erregung der Leute war

Martha Dodd

ansteckend, und ich schrie so heftig ‚Heil Hitler' wie nur irgend ein Nazi."

Auf Empfängen in der damaligen US-Botschaft in der Berliner Bendlerstraße, bei Teenachmittagen, auf Partys und Bällen lernte sie nicht nur Diplomaten aller Länder, sondern auch Journalisten, Wehrmachtsoffiziere und junge SA-Männer kennen, mit denen sie manchmal sogar ausging. Sie traf das einstige deutsche Thronfolgerpaar Wilhelm und Cecilie von Preußen, dessen höfische Etikette sie altmodisch und befremdlich fand, ebenso wie den von den Nazis eingeschüchterten Erfolgsschriftsteller Hans Fallada und seinen prominenten Verleger Ernst Rowohlt.

Mit einigen hohen Nazifunktionären soll sie Affären gehabt haben. Ernst Hanfstaengl, der viele Jahre lang in New York gelebt hatte und inzwischen Auslandspressechef der NSDAP war, wollte Dodd, die 1934 von ihrem Mann, dem New Yorker Bankier George Bassett Roberts, geschieden wurde, sogar mit Adolf Hitler verkuppeln. Dodd war „sehr aufgeregt, daß sich die Möglichkeit bot, diesen ‚eigenartigen Führer' kennenzulernen." „Hanfstaengel (…) hatte angerufen und wollte ein Treffen zwischen Hitler und mir arrangieren. Hanfstaengel sprudelte vor Eifer und schwadronierte im großen Stil: ‚Hitler braucht eine Frau.'" Welchen Eindruck Hitler bei ihrem Zusammentreffen auf sie gemacht hatte, beschrieb Dodd in ihrer unverblümten, direkten Art rückblickend: „Er schien bescheiden, kleinbürgerlich, ziemlich langweilig und befangen zu sein. Diese Befangenheit führte bei ihm zu einer Scheu und einer Abneigung, mit Leuten zu tun zu haben, die ihm, was Herkunft und Stand anbelangten, überlegen waren. (…) ein untalentierter Versager, der eine eigenartige Zartheit und eine entsprechende Hilflosigkeit besaß. Nur in den verrückten, brennenden Augen konnte man die schreckliche Zukunft Deutschlands sehen."

Bereits ein Jahr nach ihrer Ankunft in Deutschland war aus der naiven, unbekümmerten und abenteuerlustigen jungen Frau eine entschiedene NS-Gegnerin geworden. Die in Berlin lebende US-Amerikanerin Mildred Harnack, die mit ihrem Ehemann Arvid zu den zentralen Figuren der „Roten Kapelle" gehörte und später als Beteiligte am NS-Widerstand hingerichtet wurde, war eine ihrer guten Freundinnen, die sie im American Women's Club traf. Sie durchschaute inzwischen, dass NS-Deutschland zu einer „weltweiten Expansion" entschlossen war und die Juden gänzlich vernichten wollte. „Es gab schreckliche mörderische Zwischenfälle, bei denen Juden – sowohl ausländische als auch deutsche – zusammengeschlagen wurden, weil sie die Fahne nicht gegrüßt hatten", berichtet Dodd später. Und schon 1939, noch vor Beginn des Zweiten Weltkriegs und dem einsetzenden Holocaust, schrieb sie: „Hitlers inhumane Freveltaten werden alle Grenzen überschreiten und ein Ausmaß annehmen, das in den Annalen beispiellos sein wird."

Möglicherweise sah sie im Kommunismus die bessere politische Alternative. Damals mit dem russischen Diplomaten Boris Winogradow liiert, begann sie geheime Informationen an die Sowjetunion zu liefern, in die sie im Sommer 1934 eine vierwöchige Reise unternahm, was ihr fast 20 Jahre später während der antikommunistischen McCarthy-Ära in ihrem Heimatland noch Probleme bringen sollte.

Im Dezember 1937 kehrte Martha Dodd mit ihrer Familie in die USA zurück. Unter dem Titel „Through embassy eyes" erschienen zwei Jahre darauf ihre Erinnerungen an ihre Zeit in Nazideutschland. Das Buch wurde ein Bestseller und fand auch in Großbritannien („My years in Germany") sowie in Frankreich („L'ambassade regarde", 1940) große Aufmerksamkeit. Die vollständige deutsche Ausgabe kam erst 2005 unter dem Titel „Nice to meet you, Mr. Hitler! Meine Jahre in Deutschland 1933 bis 1937" auf den Buchmarkt. Weder mit ihren Artikeln für die „Chicago Tribune" noch mit ihren Literaturkritiken, Reiseberichten, Kurzgeschichten oder Romanen („Die den Wind säen", 1945) war Dodd so erfolgreich wie mit diesem Buch. Bis heute ist ihr Insiderblick in die Welt der führenden Nationalsozialisten ein beachtenswertes Zeitzeugnis aus der Perspektive einer US-Amerikanerin. Präzise fängt Dodd die Atmosphäre der ersten Jahre der Nazidiktatur ein. Im Kapitel „Nazipersönlichkeiten" charakterisiert sie die nationalsozialistische Elite, die sie in ihrer Berliner Zeit persönlich kennengelernt hatte. Mit Ironie und Spott beschreibt sie Reichsmarschall Hermann Göring, den sie als übermäßig eitel, „lächerlich" und „grotesk" empfand, Propagandaminister Joseph Goebbels und dessen Frau Magda, deren Eleganz und sicheres Auftreten sie bewunderte, für die Wahl ihres Ehemanns, der für Dodd „das Gesicht und das Gemüt einer Ratte" hatte, aber nur Unverständnis aufbrachte. Ebenso bissig schildert sie den snobistischen Reichsaußenminister Joachim von Ribbentrop, Gestapo-Chef Rudolf Diels, Wirtschaftsminister und Reichsbankpräsident Hjalmar Schacht sowie den NS-„Rasse-Ideologen" Alfred Rosenberg.

Mit ihrer NS-Kritik hatte sie Erfolg, für ihre politisch linke Einstellung wurde sie wenig später abgestraft. Wie unzählige andere als politisch links eingestufte US-Amerikaner oder Emigranten, unter ihnen der Dramatiker Bertolt Brecht oder der Komponist Hanns Eisler, wurde Dodd, gemeinsam mit ihrem zweiten Ehemann, dem Musikverleger Alfred Stern, in den USA vor den antikommunistischen McCarthy-Ausschuss geladen. Sie wurden der Spionage für die Sowjetunion bezichtigt. Das Paar ging 1953 nach Mexiko, später nach Kuba und ließ sich schließlich in Prag nieder, wo Dodd 1990 nach einem aufregenden, unsteten Leben im Alter von 82 Jahren starb.

CHRISTINE VON DOHNANYI

geb. Bonhoeffer
Ehefrau des Widerstandskämpfers Hans von Dohnanyi
*1903 Königsberg/Ostpreußen (heute Kaliningrad/
Russland); †1965 Kassel

Wie ihre Jugendfreundin und spätere Schwägerin Emmi Bonhoeffer
stammte Christine von Dohnanyi aus einer angesehenen Berliner
Gelehrtenfamilie, die bedeutende Persönlichkeiten hervorbrachte.
Ihr Vater war der Psychiater und Neurologe Karl Bonhoeffer, der
die Nervenklinik der weit über Berlin hinaus bekannten Charité
leitete. Zu ihren sieben Geschwistern gehörten der evangelische
Theologe Dietrich Bonhoeffer und der Jurist Klaus Bonhoeffer,
die später führende Figuren im Widerstand gegen den Nationalsozialismus wurden. Die Bonhoeffers verkehrten freundschaftlich
mit den in der Nachbarschaft in Berlin-Grunewald lebenden Familien Harnack, Delbrück und von Dohnanyi, die wie sie humanisti-
sche Wertvorstellungen hochhielten und offene Nazigegnerschaft
als eine Selbstverständlichkeit ansahen. Christine von Dohnanyi
sprach schon im Sommer 1922, nach dem Mord Rechtsradikaler
am damaligen Reichsaußenminister Walther Rathenau, von den
„verfluchten Hakenkreuzleuten". Durch Eheschließungen später
noch enger miteinander verbunden, hielten die Familien in der für
sie fast untragbar schweren Zeit des NS-Regimes fest zusammen.

Christine von Dohnanyi studierte ab 1922 einige Semester Zoologie in Berlin, Heidelberg und Tübingen. Obwohl sie sogar vor-
hatte, zu promovieren, setzte sie ihr Studium, wie es in bürgerlichen Kreisen damals allgemein üblich war, als Ehefrau nicht fort.
Im Februar 1925 hatte sie ihren Jugendfreund und ehemaligen Mitschüler am Berliner Grunewald-Gymnasium (heute Walther-Ra-

thenau-Gymnasium), den angehenden Juristen Hans von Dohnanyi geheiratet, obwohl ihn ihre Eltern für nicht ganz standesgemäß hielten, da er kein Vermögen besaß. Auch mit dessen Vater, dem ungarischen Pianisten und Komponisten Ernst von Dohnányi, war man zunächst nicht vollkommen einverstanden, weil er von Hans' Mutter geschieden war. Dennoch kam es 1930 zu einer weiteren Eheschließung zwischen den beiden Familien: Christines ältester Bruder, der Chemiker Karl Friedrich Bonhoeffer, heiratete Grete von Dohnanyi, die Schwester ihres Manns.

Christine und Hans von Dohnanyi lebten zunächst in Hamburg, ab 1929 wieder in Berlin, unterbrochen durch längere Aufenthalte in Leipzig, wo er am Reichsgericht tätig war. Sie bewohnten ein Einfamilienhaus in der Siedlung Eichkamp, wo es wenig „richtige Nazis" gegeben haben soll, wie ein früherer Bewohner berichtete. 1941 bezogen sie ein Haus in Sacrow, einem naturnahen Stadtteil Potsdams.

Nach außen hin passten sich die Dohnanyis an, ja bildeten eine beinahe mustergültige NS-Familie. Die Kinder waren in der Hitlerjugend, das Paar verkehrte in den Kreisen des Justizministeriums und des Oberkommandos der Wehrmacht, wo Hans von Dohnanyi angestellt war, bevor er 1941 aus dem Staatsdienst ausschied und Vorstandmitglied der Rheinisch-Westfälischen Boden-Creditbank in Köln wurde.

Um die Erziehung der drei Kinder Barbara, Klaus, der in den 1980er Jahren als Erster Bürgermeister Hamburgs bekannt wurde, und Christoph, der später eine internationale Karriere als Dirigent machte, kümmerte sich Christine von Dohnanyi fast allein. Ihr Mann arbeitete unablässig – in seinem Beruf und konspirativ im Widerstand. Da er Zugang zu internen Dokumenten besaß, legte er eine umfassende Sammlung über NS-Verbrechen an, die nach dem Sturz des Regimes die Anklage gegen führende Nazis stützen sollten. Er stellte außerdem Kontakte zwischen den Widerstandskreisen um den Sozialdemokraten Julius Leber, den Gewerkschafter Wilhelm Leuschner sowie seinem Schwager Dietrich Bonhoeffer und der „Bekennenden Kirche" her. Auch für vom Regime Verfolgte setzte er sich ein. So konnte er einigen als Agenten der Abwehr getarnten jüdischen Menschen 1941 zur Flucht in die Schweiz verhelfen, unter ihnen Charlotte Friedenthal, getaufte Jüdin und Mitglied der „Bekennenden Kirche" („Unternehmen Sieben"). Durch seine Tätigkeit im Berliner Oberkommando der Wehrmacht im Kreis um Oberst Claus Schenk Graf von Stauffenberg, Generalmajor Hans Oster, Admiral Wilhelm Canaris und anderen hohen Militärs war er zudem unmittelbar an den Staatsstreichplänen und dem schließlich gescheiterten Attentat auf Hitler am 20. Juli 1944 im ostpreußischen Führerhauptquartier Wolfsschanze beteiligt.

Im Unterschied zu anderen Frauen aus dem bürgerlich-militärischen Widerstand, die meist nur vage Bescheid wussten, war Christine von Dohnanyi über das Engagement ihres Manns im Widerstand genau informiert. Sie tippte unter anderem den sogenannten X-Bericht über Kontakte NS-Oppositioneller zur britischen Regierung auf der Schreibmaschine ab. „Er besprach alles mit ihr. Das ist sicher etwas ganz Seltenes", sagte Emmi Bonhoeffer später.

Ebenso wie ihr Mann und ihr Bruder Dietrich wurde Christine von Dohnanyi am 5. April 1943 verhaftet. Nach fünfwöchiger Einzelhaft mit scharfen Verhören, in denen man ihr „Beihilfe zum Hoch- und Landesverrat" vorwarf, kam sie aus dem Frauengefängnis in Berlin-Charlottenburg frei. Es war ihr gelungen, sich gegenüber der Gestapo als ahnungslose Ehefrau und Mutter darzustellen. Dabei hatte sie sich bemüht, Mitglieder des Widerstandes zu entlasten.

Nach ihrer Entlassung versuchte sie mit allen Mitteln, ihrem Mann zu helfen. Über ihren Vater beschaffte sie Diphterie-Bakterien, womit sich Hans von Dohnanyi trotz seiner bereits angegriffenen Gesundheit eigenhändig infizierte. Auf diese Weise erreichten sie seine Verlegung in ein Potsdamer Seuchenlazarett und hofften auf seine baldige Freilassung. Doch es kam anders: Nach dem Scheitern des Stauffenberg-Attentats auf Hitler und den folgenden Ermittlungen wurde seine Verbindung zu den Verschwörern bekannt und seine Geheimdossiers entdeckt. Hans von Dohnanyi wurde ins KZ Sachsenhausen bei Berlin gebracht und dort, kurz vor Kriegsende, am 8. April 1945, gehängt. Christine hatte ihn nur noch einmal in den ersten Apriltagen wiedersehen können. Lange Zeit forschte sie verzweifelt nach ihm, erst im Herbst 1945 erfuhr sie von seinem Tod. Im Rahmen einer Aktion für die Überlebenden des 20. Juli 1944 war sie mit ihren Kindern im September mit einer US-amerikanischen Militärmaschine nach Süddeutschland ausgeflogen worden. Ihr Sacrower Haus hatten Soldaten der Roten Armee kurz nach Kriegsende besetzt.

Christine von Dohnanyi, die nicht nur ihren Mann, sondern auch ihre Brüder Dietrich und Klaus Bonhoeffer im NS-Widerstand verloren hatte, schrieb am 20. August 1945 in einem Memorandum an die alliierten Militärgouverneure von Berlin: „Wir Deutschen (…) haben das Recht verwirkt uns zu beklagen, wir haben zu tragen, was wir über uns gebracht haben. (…) Aber wir, die wir den Kampf gegen Hitler vom ersten Tag mitgekämpft haben, haben auch heute die Pflicht, zu reden. Wir sprechen für unsere Toten."

Sie engagierte sich in der Nachkriegszeit für die Anerkennung des deutschen NS-Widerstands und die Würdigung ihres Manns, über dessen Tod sie nie hinweg kam. Erst 61 Jahre alt, starb sie 1965 an einem Herzinfarkt. Zwanzig Jahre zuvor hatte er ihr aus der Haft geschrieben: „Das Leben, die vielen, vielen Schicksale, die in dem letzten halben Jahr an mir vorbeigezogen sind, haben es mich noch mehr gelehrt, als ich es schon wusste. Das Glück und der Reichtum meines Lebens, Du bist es, Du, Du!"

BELLA FROMM
Journalistin, Gesellschaftsreporterin
*1890 Nürnberg; †1972 New York

Bis Adolf Hitler an die Macht kam, gehörte die jüdische Journalistin Bella Fromm zu den prominenten Berichterstatterinnen aus der
Berliner High Society. Unter anderem in der „Vossischen Zeitung"
und dem Berliner Boulevardblatt „B. Z. am Mittag" veröffentlichte
sie ihre unterhaltsamen Reportagen über Pressebälle, Teegesell-
schaften, Dinner-Partys und Botschaftsempfänge, Tennisturniere,
Pferderennen und Modeschauen. „Wer flirtete mit wem, wer trug
was, wer begleitete wen, und wer saß mit wem zu Tisch. (…) Das
ist es, was die Leser am nächsten Morgen wissen wollen."

Als Tochter eines vermögenden Weingroßhändlers, auf dessen Gut im fränkischen Kitzingen die „große" Welt zu Gast gewesen war, besaß Fromm die besten Voraussetzungen für ihren
Beruf. „Die gesellschaftlichen Beziehungen meiner Jugend und
der gute Name meiner Familie erwiesen sich als unschätzbare Hilfe. Ich hatte überall Zutritt, und man vertraute mir Geschichten
und Dinge an, die vielen anderen vorenthalten wurden." Gekonnt
wandte sie dabei die Grundregeln der Gesellschaftsreportage an,
die ihr einst ihr Vorgesetzter bei der „Vossischen Zeitung" mit-
gegeben hatte: „Als ich mein erstes Manuskript in die Redaktion
brachte, sagte der Redakteur Dr. Misch: ‚Das ist bezaubernd, Bella, wirklich sehr bezaubernd, aber viel zu respektlos. Sie müssen
noch viel lernen über gesellschaftliche Berichterstattung. Ein Ge-
sellschaftsreporter schreibt nicht wirklichkeitsgetreu. Merken Sie
sich einfach: Man darf nicht immer ganz die Wahrheit schreiben.
(…) Jede Frau eines Botschafters ist eine Schönheit, jeder Gesand-
te ist ein ausgezeichneter Politiker – der beste in der Welt. Wer

im diplomatischen Korps neu auftaucht, ist stets ein leuchtender Stern aus dem Auswärtigen Amt seines Landes.'"

Klug und gewandt bewegte sich die bekannteste Klatschreporterin Berlins unter Künstlern, Unternehmern, Diplomaten und selbstverständlich auch in den Kreisen der großen Politik. „Frau Bella", wie sie allgemein genannt wurde, begegnete dem sozialdemokratischen Reichspräsidenten der Weimarer Republik Friedrich Ebert, den sie sehr schätzte, oder dem kultivierten, schon 1922 von Rechtsradikalen ermordeten Außenminister Walter Rathenau, in dessen eleganter Villa im Berliner Grunewald sie zu Gast war. Zu ihren Freunden zählten Kurt von Schleicher, der letzte demokratische Reichskanzler, und seine Frau Elisabeth, bis beide Ende Juni 1934 in ihrem Haus von einem SS-Kommando erschossen wurden. Sie traf auf NS-Reichsaußenminister Joachim von Ribbentrop, den sie spöttisch den „Weinreisenden" nannte, da er einst als Spirituosen-Vertreter gearbeitet hatte, genauso wie den „klumpfüßigen Zwerg", wie sie den späteren NS-Propagandaminister Joseph Goebbels nannte. Im März 1933 lernte sie auch Hitler persönlich kennen, der ihr sogar die Hand küsste – nicht ahnend, dass es eine jüdische war.

Als Jüdin verlor sie schon im Jahr darauf ihre Arbeit, der Ullstein Verlag wurde „arisiert", die „Vossische Zeitung" eingestellt. Bereits am 15. November 1933 war bei der „B.Z. am Mittag" ein Schreiben des Berliner Tennis-Clubs „Rot-Weiß" eingegangen: „Wir haben Veranlassung, Sie zu bitten, dass in Zukunft mit der Berichterstattung über gesellige Veranstaltungen unseres Klubs in Ihrem geschätzten Blatt nicht mehr, wie bisher, Frau Bella Steuermann-Fromm beauftragt wird. Der Klub ist mit der von dieser Dame geübten Berichterstattung in keiner Weise einverstanden. Im übrigen legen wir Wert darauf, dass, wenn über gesellige Veranstaltungen unseres Klubs Bericht erstattet wird, dies in Zukunft durch arische Journalisten geschieht".

Fromm verkehrte jedoch weiterhin in den reichen Häusern Berlins und konnte durch Vermittlung des damaligen US-Botschafters in Berlin William E. Dodd – dem Vater der Journalistin und NS-Gegnerin Martha Dodd – weiter Reportagen in einer britischen Zeitung unterbringen, die in Berlin erschien. Durch Weinlieferungen aus dem fränkischen Familiengut an Berliner Diplomatenhaushalte verdiente sie zusätzlich einen Teil ihres Lebensunterhalts.

Trotz aller Schikanen – SA-Männer umstellten 1933 ihr Wohnhaus im Berliner Grunewald, da sie angebliche Regimegegner zu Gast hatte – wollte sie als „Chronistin des Untergangs" so lange wie möglich in Deutschland bleiben. Durch die „richtigen" Freunde und ihre engen Kontakte zu internationalen Diplomatenkreisen fühlte sie sich lange Zeit relativ sicher. Vielen von den Nationalsozialisten verfolgten Menschen konnte sie damals zur Flucht aus Deutschland verhelfen, indem sie ihre guten Beziehungen nutzte, um ihnen Visa zu verschaffen.

Wie unzähligen anderen Exilanten fiel auch Fromm der Abschied aus ihrer deutschen Heimat alles andere als leicht, und sie wusste, dass sie in der Emigration zunächst keine glanzvolle Zukunft erwartete. Erst auf das zunehmende Drängen ausländischer Diplomatenfreunde hin bestieg sie am 4. September 1938 ein Schiff nach New York, wo seit 1934 bereits ihre Tochter Gonny lebte, die einst als Fotografin mit ihr in Berlin zusammengearbeitet hatte.

In New York heiratete die zweimal geschiedene Bella Fromm den deutschen Arzt Peter Welles – ein Emigrant wie sie. Er starb bereits 1945. Da er in den USA damals zunächst seine medizinische Approbation nachholen musste, verdiente sie die erste Zeit allein den Lebensunterhalt. Sie arbeitete als Handschuhnäherin, Kellnerin, Fabrikarbeiterin, Hausmädchen, Köchin und Stenotypistin, bevor sie sich u. a. bei der „New York Post" und dem „Harper's Magazine" allmählich wieder als Journalistin etablieren konnte.

1942 erschienen ihre Berliner Tagebuchnotizen der Jahre 1920 bis 1938 unter dem Titel „Blood and Banquets – A Berlin Social Diary" als Buch. Mit seinen treffenden, oft sarkastischen Beobachtungen über Nazideutschland wurde es ein Bestseller auf dem US-amerikanischen Buchmarkt. Erst 1993, mehr als zwei Jahrzehnte nach Fromms Tod, kam es unter dem Titel „Als Hitler mir die Hand küsste" in leicht gekürzter Fassung auf Deutsch heraus.

Fromm war eine aufmerksame politische Beobachterin. Wenngleich sie in ihre Buchpublikation nachträglich US-amerikanisches Pressematerial einfügte, bildet ihr Tagebuch eine hochinteressante Quelle zum Aufstieg des Nationalsozialismus. Während er von Vielen noch als vorübergehende Erscheinung eingestuft wurde, hatte sie den kommenden Erfolg der „braunen Pest" bereits erkannt. So notierte sie am 29. Januar 1932, fast genau ein Jahr vor dem Machtantritt der Nationalsozialisten, in ihr Tagebuch: „Die Gesellschaft gewöhnt sich nach und nach an die ursprünglich als plebejisch empfundene nationalsozialistische Bewegung. Die Leute der Oberschicht nähern sich Hitler. Sie verschließen die Ohren vor seinen ständigen Ausfällen gegen die privilegierten Klassen und die feinen Leute." Aufmerksam hatte sie auch die Verfestigung des Antisemitismus in weiten Kreisen der deutschen Gesellschaft beobachtet, die nicht erst 1933, sondern bereits in der Zeit der Weimarer Republik begonnen hatte.

„Ich wünsche mir nur", schrieb Fromm damals im US-amerikanischen Exil, „dass ich einigen Menschen hier die Augen öffnen kann. Es sind noch so viele, die sich nicht überzeugen lassen, welche Gefahr die Nazis sind."

MARIE LUISE, MARIA THERESE UND HELGA VON HAMMERSTEIN

Marie Luise, Juristin
*1908 Berlin; †1999 Berlin

Maria Therese, Literaturwissenschaftlerin
*1909 Magdeburg; †2000 San Francisco

Helga Eleanore, Chemikerin
*1913 Berlin; †2005 Stuttgart

„Angst ist keine Weltanschauung." Das Motto ihres Vaters machten sich Marie Luise, Maria Therese und Helga von Hammerstein selbst zu eigen. Sie waren die ältesten von insgesamt sieben Kindern des Generals Kurt Freiherr von Hammerstein-Equord und seiner Frau Maria Luise, geb. Freiin von Lüttwitz. Alle Geschwister „waren bekannt für ihre Wildheit und rebellische Natur", so Hammersteins späterer Schwiegersohn Joachim Paasche. Vor allem die drei ältesten Töchter galten als besonders eigenwillig. Sie waren emanzipiert, studierten, was in ihren Kreisen damals durchaus nicht als selbstverständlich galt, waren politisch interessiert und bereit, im Leben Risiken einzugehen.

Schon als junge Frauen waren sie engagierte NS-Gegnerinnen. Dass sie das „Dritte Reich" unversehrt überstanden, mag am hohen gesellschaftlichen Ansehen ihres Vaters gelegen haben. Auch er hielt nichts von den Nazis, und diese wiederum „sahen in ihm mit Recht einen geistig weit überlegenen Gegner und einen skeptischen, spöttischen Beobachter ihrer Worte und Taten", sagte sein Kollege General Hermann Foertsch. „98 Prozent des deutschen Volkes", das dem Nationalsozialismus begeistert zustimmte, hielt

Hammerstein für „besoffen". Noch am 26. Januar 1933 hatte er versucht, Reichspräsident Paul von Hindenburg in einer persönlichen Unterredung davon abzuhalten, Hitler zum Reichskanzler zu ernennen – vergeblich: Fünf Tage später war er im Amt. Hammerstein reichte noch im selben Jahr sein Entlassungsgesuch ein und zog sich mit seiner großen Familie in seinem Wohnhaus in Berlin-Dahlem ins Privatleben zurück. Er lud NS-Oppositionelle und Widerstandskämpfer zu sich ein, unter ihnen General Ludwig Beck sowie der konservative Politiker und Leipziger Oberbürgermeister Carl Friedrich Goerdeler. Später beteiligte sich Hammerstein an der Entwicklung der Staatsstreichpläne um den Offizier Claus Schenk Graf von Stauffenberg, starb jedoch bereits am 24. April 1943, mehr als ein Jahr vor Stauffenbergs gescheitertem Hitler-Attentat vom 20. Juli 1944.

Hammerstein tolerierte die oppositionellen Aktivitäten und – obwohl selbst ein alter Grandseigneur und durchaus kein Kommunistenfreund – auch die linkspolitische Einstellung seiner drei ältesten Töchter: „Meine Kinder sind freie Republikaner. Sie können reden und machen, was sie wollen." Paasche berichtete später, dass Hammerstein mit seinen Töchtern zudem diskret kooperierte, etwa wenn er Informationen über bevorstehende Verhaftungen besaß. „Beim Frühstück war es seine Gewohnheit, Namen zu nennen und die Kinder, die sich bei den Bohemiens und in akademischen Kreisen auskannten, wussten, was sie zu tun hatten."

Marie Luise (auch: Louise) von Hammerstein, die Älteste von ihnen, engagierte sich von Jugend an politisch, als Jurastudentin trat sie der KPD bei. Damals war sie mit ihrem Kommilitonen Werner Scholem liiert, einem 13 Jahre älteren, verheirateten jüdischen Kommunisten, der bis zu seinem Ausschluss im Jahr 1926 eine führende Rolle in der Partei gespielt hatte. Er wurde 1933 verhaftet und 1940 im KZ Buchenwald erschossen. Gemeinsam mit ihrer Schwester Helga entwendete sie geheime militärische

Informationen aus dem häuslichen Büro ihres Vaters und lieferte sie dem Nachrichtendienst der KPD, der sie nach Moskau weiterleitete – bis die Gestapo 1936 zugriff. Es gab eine Hausdurchsuchung und ein Verhör. Danach ließ man sie halbwegs in Ruhe. Dass sie inzwischen mit Mogens von Harbou, Jurist und späterer NS-Kreishauptmann im besetzten Polen, verheiratet war und in dessen Kanzlei mitarbeitete, mag dazu beigetragen haben.

Auch nach Ende des Zweiten Weltkriegs blieb Marie Luise stramme Kommunistin. Westdeutschland misstraute sie wegen der mangelnden Auseinandersetzung mit der Nazivergangenheit. Inzwischen auch von ihrem zweiten Mann Ernst-Friedemann Freiherr von Münchhausen geschieden, zog sie mit ihren drei Kindern 1949 nach Ost-Berlin. Sie trat der SED bei, arbeitete als Rechtsanwältin, verteidigte manchen „Republikflüchtling" und war zwischen 1950 und 1960 inoffiziell für die sowjetischen Sicherheitsorgane tätig.

Ihre jüngere Schwester Maria Therese von Hammerstein bewegte sich zunächst im Sozialistischen Schülerbund, begeisterte sich jedoch bald mehr für den Zionismus, nachdem sie „Leute aus Palästina" kennengelernt hatte. In ihren Memoiren schreibt sie: „Sie waren sehr darauf erpicht, junge Juden auf harte körperliche Arbeit vorzubereiten. Das brachte mich auf die Idee, mein Studium (Medizin) zu unterbrechen und als Lehrling bei einem Gärtner zu arbeiten." Nach 1933 leistete sie aktive Hilfe für Verfolgte des NS-Regimes. Mit ihrem Motorrad, das sie als Jugendliche von einer Tante geschenkt bekommen hatte, fuhr sie vor allem jüdische Frauen und Männer über die tschechische Grenze nach Prag. Sie warnte außerdem den von den Nazis diffamierten, durch seine modernen Berliner Wohnsiedlungen bekannten Architekten Bruno Taut, der daraufhin in die Türkei emigrierte. Auch sie selbst entschloss sich schließlich, Deutschland zu verlassen. Mit ihrem Mann, dem Sprachwissenschaftler Joachim Paasche, Sohn eines „halbjüdischen", 1920 von einer Freikorps-Bande ermordeten Marineoffiziers, ging sie zunächst nach Palästina, um dort in einem Kibbuz zu leben. Das Paar kehrte jedoch bald nach Hause zurück. Von der Gestapo verhört, flohen sie 1935 nach Japan, wo sie zwar durch den mit General Hammerstein befreundeten Diplomaten Eugen Ott geschützt wurden, dort aber isoliert und in ärmlichen Verhältnissen lebten. 1948 wanderten sie mit ihren vier Kindern in die USA aus.

Auch Helga von Hammerstein, die Dritte im Bunde, engagierte sich in linken Jugendverbänden und war ab 1930 KPD-Mitglied. Nach ihrem Chemiestudium arbeitete sie im Kaiser-Wilhelm-Institut, danach in der Industrie. Auch sie lieferte mit ihrer ältesten Schwester Geheimpapiere aus dem Tresor ihres Vaters an den KPD-Nachrichtendienst (Tarnname: Grete Pelgert), darunter die Rede Hitlers, die er am 3. Februar 1933 vor der Reichswehrführung gehalten hatte. Ab Anfang der Dreißigerjahre war sie die Lebensgefährtin von Leo Roth (1911–1937), einem Verbindungsmann zwischen dem militärischen Apparat der KPD und hohen Offizieren der Reichswehr. Als er 1936 nach Moskau berufen wurde, verweigerte man ihr die Einreise – was ihr möglicherweise das Leben rettete, denn Roth geriet in die politischen Säuberungsaktionen des sowjetischen Diktators Stalins. Er wurde noch im gleichen Jahr verhaftet und erschossen. Sie heiratete 1939 den in der Nachkriegszeit sehr renommierten Gartenarchitekten Walter Rossow – wie sie ein NS-Gegner. Auf dem Standesamt verweigerte sie den Hitlergruß. Mit ihrem Mann, der wegen einer Lungenkrankheit nicht zum Militär eingezogen wurde, betrieb sie in Stahnsdorf bei Berlin eine Gärtnerei und konnte so ihre Familie in Kriegszeiten mit Obst und Gemüse versorgen. Als ihre jüngeren Brüder Kunrat und Ludwig nach dem gescheiterten Hitler-Attentat vom 20. Juli 1944 als Mitverschwörer ins Visier der Gestapo gerieten, wurde auch sie verhaftet, kam aber nach zwei Wochen wieder frei. Auch sie überlebte das „Dritte Reich" und wurde mit 92 Lebensjahren noch älter als ihre Schwestern.

ELISE HAMPEL

geb. Lemme
Hausangestellte, Hilfsarbeiterin
*1903 Bismarck (Sachsen-Anhalt); †1943 Berlin

„Im Sinne der Gerechtigkeit gibt es nur eins: Nieder mit dem schurkischen Hitlerregime! Dieses bringt Not, Elend und Tod! Nie einen Frieden", heißt es auf einer der vielen Postkarten und Zettel, die Elise Hampel gemeinsam mit ihrem Mann Otto verfasste und zwischen September 1940 und Oktober 1942 in Berlin in Treppenhäuser legte oder in Briefkästen warf, um damit gegen das verbrecherische NS-Regime zu protestieren.

Die Hampels waren einfache Leute, sie Hausfrau, früher auch Hausmädchen und Hilfsarbeiterin, er Arbeiter im Kabelwerk von Siemens-Schuckert. Zurückgezogen und unauffällig lebten sie im Berliner Arbeiterbezirk Wedding. Was brachte ein Paar aus ihrem Milieu ohne Bildung, Unterstützung oder politische Anbindung, dem das Schreiben und Formulieren schwerfiel, zum Widerstand? War Elise Hampel die treibende Kraft? Der Tod ihres Bruders Kurt, der im zweiten Kriegsjahr 1940 als Wehrmachtssoldat in Frankreich gefallen war, gab sie später an, hätten sie und ihren Mann zu Regimegegnern werden lassen.

Sie ahnten nicht, dass ihre Karten und Zettel fast alle sofort bei der Gestapo landeten, denn jeder, der regimekritisches Material aufbewahrte, hatte damals mit hohen Strafen zu rechnen. Die Gestapo erfasste 234 Exemplare. Wie viele es tatsächlich waren, ist nicht bekannt. Am 20. Oktober 1942 wurden die Hampels verhaftet. Eine Anwohnerin hatte sie beim Auslegen einer Postkarte am Berliner Nollendorfplatz beobachtet und denunziert.

Wegen „Zersetzung der Wehrkraft" und „Vorbereitung zum Hochverrat" wurden beide ein Vierteljahr später durch den NS-Volksgerichtshof zum Tod verurteilt. Damit hatten sie nicht gerechnet. In der verzweifelten Hoffnung, die eigene Haut noch retten zu können, behaupteten beide, vom anderen angestiftet worden zu sein. Vor Gericht sagte Elise Hampel, ihr Mann habe ihre Trauer um ihren Bruder ausgenutzt, um sie „in diese Verwirrungen und Verirrungen zu treiben". Otto Hampel, der nach seiner Verhaftung noch geäußert hatte, „glücklich bei dem Gedanken" gewesen zu sein, gegen Hitler und sein Regime protestieren zu können, gab in seiner unsicheren Rechtschreibung zu Protokoll, er habe sich von seiner Frau zum Verteilen der Postkarten verleiten lassen: „Ihr dauerndes getöse und Unzufriedenheit und drängen zum verbreiten ergab es das so lange zeit die Karten in Erscheinung kamen." Er bezeichnete den Text der Karten jetzt als „ekelhaft" und gab zu, es sehr zu bereuen, die Taten begangen zu haben.

Es half ihnen nichts. Am 8. April 1943 starben Elise und Otto Hampel, wie Hunderte andere Frauen und Männer, die das NS-Regime bekämpft hatten, in der Hinrichtungsstätte Berlin-Plötzensee durch die Guillotine. Für ihre Zeugenaussage vor dem NS-Volksgerichtshof bekam die Denunziantin Gertrud Waschke damals 3,10 Reichsmark zuzüglich Fahrtkosten. Kurz nach Ende des Zweiten Weltkriegs wurde sie aufgespürt, wegen „Verbrechen gegen die Menschlichkeit" angeklagt und zu zwei Jahren Gefängnis verurteilt.

Zur gleichen Zeit überreichte der spätere Kulturminister der DDR Johannes R. Becher dem populären Berliner Romanschriftsteller Hans Fallada, dem die Nazis einst selbst zugesetzt hatten, die Gestapoakten des Ehepaars Hampel. Er bat ihn, den deutschen NS-Widerstand literarisch zu würdigen. Innerhalb weniger Wochen entstand Falladas umfangreicher und großartiger Roman „Jeder stirbt für sich allein" (1947). In ihm änderte er zwar Namen und Schauplätze, erfand Nebenfiguren hinzu und erweiterte die Handlung, machte aber das Paar aus dem Berliner Arbeitermilieu, das Hitler beherzt mit Postkarten bekämpfte, unvergesslich.

Elise Hampel

MILDRED HARNACK

geb. Fish
Literaturwissenschaftlerin, Übersetzerin
*1902 Milwaukee (Wisconsin/USA); †1943 Berlin

Die Publizistin Margret Boveri sagte über Mildred Harnack: „Sie gehörte zu der Generation studierter Frauen, die an den Fortschritt und an die Besserung der Welt glaubten und selbst in geistiger Arbeit an diesem Aufstieg mitarbeiten wollten." Das Schicksal führte die junge US-amerikanische Kaufmannstochter dabei ins Zentrum des deutschen NS-Widerstands.

An der Universität Madison in Wisconsin, an der Mildred, deren Nachname damals noch Fish lautete, Literaturwissenschaft unterrichtete, hatte sie 1926 den angehenden deutschen Juristen und Wirtschaftswissenschaftler Arvid Harnack getroffen, der als Rockefeller-Stipendiat in die USA gekommen war. Bereits wenige Monate nach ihrer ersten Begegnung, am 7. August 1926, heirateten sie. Sie passten perfekt zueinander. Beide waren hochgebildet, idealistisch und politisch links stehend. Wie andere Intellektuelle ihrer Zeit fühlten sie sich zum Kommunismus hingezogen und sympathisierten mit der Sowjetunion. Allerdings wurde die politische Linke, schreibt Boveri, in Amerika damals „als die Trägerin des aufgeklärten Fortschritts angesehen". Die Intellektuellen seien eher „rosa" als „rot" gewesen.

1929 begleitete Mildred Harnack ihren Mann nach Deutschland. Nach drei Jahren im hessischen Gießen ließ sich das Paar 1930 in Berlin nieder, wo Mildred offen im Kreis ihrer neuen Verwandten aufgenommen wurde, die neben den Delbrücks, von Dohnanyis oder Bonhoeffers zu den bekannten Berliner Künstler- und Intellektuellenfamilien gehörten. Mildreds Schwiegermutter Clara war Malerin und Frauenrechtlerin, ihr Schwager der zukünftige Theater- und Filmregisseur Falk Harnack, der später ebenfalls im NS-Widerstand aktiv wurde und Kontakte zur „Weißen Rose" in München hatte. Ihren Schwiegervater, den Literaturwissenschaftler Otto Harnack, lernte sie allerdings nicht mehr kennen, er war bereits 1914 verstorben.

Obwohl sie unter Heimweh litt, integrierte sie sich gut. Als Amerikanerin in Deutschland war sie in dieser Zeit keine Ausnahme, viele ihrer Landsleute studierten damals hier. Sie lehrte englische und US-amerikanische Literatur an der heutigen Humboldt Universität, unterrichtete am Städtischen Abendgymnasium, übersetzte, arbeitete als Lektorin für verschiedene Buchverlage und veröffentlichte u. a. im „Berliner Tageblatt" Artikel über zeitgenössische US-amerikanische Autoren. Während seines Berlin-Aufenthalts interviewte sie den jungen US-amerikanischen Schriftsteller Thomas Wolfe, dessen Romane damals populär zu werden begannen. 1941 schloss sie ihre Promotion ab („Die Entwicklung der amerikanischen Literatur der Gegenwart in einigen Hauptvertretern des Romans und der Kurzgeschichte"). Ab 1942 war sie Sprachlehrbeauftragte für Englisch an der Auslandswissenschaftlichen Fakultät der Berliner Universität.

Als kinderlose, berufstätige Akademikerin führte Mildred Harnack ein für ihre Zeit zwar nicht gerade durchschnittliches, nach außen hin aber durchaus angepasstes Leben. Sie trat sogar der NS-Lehrerschaft bei. Ihr Mann, der im Amerikareferat des Reichswirtschaftsministeriums und als Universitätsdozent für Außenpolitik arbeitete, wurde 1937 NSDAP-Mitglied. Beides diente der Tarnung: Bereits seit Beginn der nationalsozialistischen Herrschaft gehörten die Harnacks zur losen Gruppe linker Oppositioneller, die von den Nazis später als „Rote Kapelle" bezeichnet wurde. Ihre Wohnung im Berliner Arbeiterbezirk Neukölln war ein Treffpunkt Gleichgesinnter, unter ihnen Harro und Libertas Schulze-Boysen,

Hans und Hilde Coppi sowie Adam und Greta Kuckhoff. Sie verbreiteten Flugschriften gegen die nationalsozialistischen Gewaltverbrechen und den Krieg, halfen Zwangsarbeitern und Juden.

Als US-Amerikanerin konnte Mildred dabei viel beitragen. Sie hatte stets Verbindung zu in Deutschland lebenden Landsleuten gehalten, verkehrte im American Women's Club und war mit Martha Dodd befreundet, die als Tochter des damaligen US-Botschafters in Deutschland seit 1933 in Berlin lebte und den Nazis, nach anfänglicher naiver Begeisterung, ebenso ablehnend gegenüber stand. Mildred Harnack nutzte den Kontakt zur Beschaffung von Flüchtlingsvisa. Während verschiedener Auslandsreisen organisierte sie darüber hinaus die Flucht Verfolgter aus Deutschland. Da sie inzwischen im Potsdamer Verlag Rütten und Loening für die Übersetzung englischer Bücher zuständig war, blieben ihre Auslandsaufenthalte weitgehend unverdächtig. Sie hatte „nun einen beruflichen Wirkungskreis, der ,Deckung' für diese Reisen lieferte. Es war in gewissem Maße glaubwürdig, dass sie sich im Ausland mit Fremden traf". Zu Hause konnte sie ihre Arbeit im Verlag nutzen, „um rationierte Arbeitsmittel wie Tinte und Papier für geheime Publikationen zu beschaffen", schreibt ihre US-amerikanische Biografin Shareen Blair Brysac. Mit einem Kurzwellenradio, das ihr Schwager Falk besorgt hatte, hörte sie außerdem ausländische Sender – eine für den Widerstand nützliche Informationsquelle.

Ihr Mann versuchte indessen gemeinsam mit Harro Schulze-Boysen kriegsrelevante Nachrichten an die Sowjetunion zu übermitteln. Inwieweit Mildred Harnack in diese Unternehmungen einbezogen war, kann heute nicht mehr abschließend beantwortet werden. Im Frühjahr 1941 informierten die beiden Männer die sowjetische Botschaft in Berlin über einen bevorstehenden Angriff Deutschlands auf die Sowjetunion. Die Warnungen sollen bis zu Diktator Stalin gedrungen sein, der sie nicht ernst nahm, zumal seit August 1939 ein Nichtangriffspakt zwischen Berlin und Moskau bestand. Am 22. Juli 1941 marschierte die deutsche Wehrmacht nach langer Vorbereitung („Unternehmen Barbarossa") in die Sowjetunion ein und begann einen beispiellosen Vernichtungskrieg.

Die Harnacks ahnten scheinbar nicht, dass sie bereits im Sommer 1942 enttarnt worden waren und seitdem durch die Gestapo überwacht wurden. Eine Schiffspassage, die ihr Mann bereits vor längerer Zeit für sie gebucht hatte, nutzte Mildred jedenfalls nicht. Oder ignorierte sie die drohende Gefahr, um an seiner Seite weiter im Widerstand aktiv zu sein? Schon als Hitler den USA im Dezember 1941 den Krieg erklärt hatte und die meisten ihrer Landsleute heimkehrten, war sie in Deutschland geblieben. Brysac deutet an, dass Mildred Harnack Ende der 1930er Jahre vergeblich versucht habe, in ihrem Heimatland ein Stipendium oder eine passende Arbeit zu erhalten, aber Stellen für Literaturwissenschaftler damals sehr knapp gewesen seien.

Am 7. September 1942 wurde das Ehepaar Harnack während eines Urlaubs in Preila auf der Kurischen Nehrung (heute Litauen) verhaftet. Arvid wurde zum Tod verurteilt und am 22. Dezember desselben Jahres in der Hinrichtungsstätte Berlin-Plötzensee gehängt. Da das Gericht der Auffassung war, dass sie „weniger aus eigenem Antrieb als aus Anhänglichkeit an ihren Mann gehandelt habe", erhielt Mildred zunächst eine sechsjährige Zuchthausstrafe. Auf Befehl Hitlers kam es jedoch Mitte Januar 1943 zu einem erneuten Verfahren, in dem auch sie schließlich zum Tod verurteilt und einen Monat darauf in Plötzensee hingerichtet wurde. Von der Haft sichtlich gezeichnet, hatte sie in ihrer Zelle noch in den letzten Stunden an einer Übersetzung von Goethe-Gedichten gearbeitet.

LILIAN HARVEY
Schauspielerin, Sängerin, Tänzerin
*1906 London; †1968 Juan-les-Pins (Frankreich)

Lilian Harvey war ab Mitte der Zwanzigerjahre einer der ganz großen Stars des Ufa-Unterhaltungsfilms, durch den sie sich mit Charme und Spritzigkeit spielte, tanzte und sang, wie kaum eine andere Schauspielerin ihrer Zeit. Sie galt als das „süßeste Mädel der Welt". Mit ihrem langjährigen Filmpartner Willy Fritsch bildete sie ein Traumpaar auf den großen Kinoleinwänden Deutschlands. Ihre Filme, meist schmissige Musikkomödien, waren überwältigende Publikumserfolge, darunter „Die Drei von der Tankstelle" (1930), „Der Kongress tanzt" (1931/32) oder „Ein blonder Traum" (1932) – „ein vor Witz und kessen Dialogen sprühendes Harvey-Fritsch-Meisterstück", so der Filmhistoriker Kay Weniger. Ihre flotten Filmsongs wie „Das gibt's nur einmal", „Ein Freund, ein guter Freund" und „Ich wollt', ich wär' ein Huhn" wurden Hits zum Mitsingen. Fotoserien ihrer eigenen Villenetage im schicken Berliner Westend zierten die beliebten Home-Storys damaliger Lifestyle-Magazine.

Die zierliche, blonde Lilian Harvey (bürgerlicher Name Lilian Helen Muriel Pape), eine Deutsch-Britin, die seit 1914 in Berlin lebte, war erst Mitte zwanzig, als die Filmgesellschaft 20th Century Fox sie nach Los Angeles abwarb. Sie verließ Deutschland am 6. Januar 1933 – drei Wochen, bevor Adolf Hitler Reichskanzler wurde. In den USA nicht sonderlich erfolgreich, kehrte sie 1935 nach Deutschland zurück. Zahlreiche Pressevertreter und ein Empfangskomitee der Ufa begrüßten sie am 19. Juni am Berliner Flughafen Tempelhof. Die NS-Unterhaltungsindustrie erhoffte sich vom ehemaligen Filmstar der Weimarer Republik nicht nur weiteren Prestigegewinn, sondern auch neue Rekordeinnahmen.

Tatsächlich wurden auch ihre folgenden Filme, darunter die musikalische Komödie „Glückskinder" (1936), überwältigende Erfolge, die Zehntausende im Kino sahen. Dafür wurde Anpassung verlangt: Es war obligatorisch, dass Harvey der „Reichsfachschaft Film" beitrat, ihre „arische" Abstammung nachwies und sich wie andere Filmgrößen bei medienwirksamen Veranstaltungen wie der Sammlung für das „Winterhilfswerk" oder der feierlichen Eröffnung der Olympischen Spiele im August 1936 im Berliner Olympiastadion sehen ließ. Doch Harvey ging bald auf Distanz zum NS-Regime und hielt sich von der Naziprominenz möglichst fern. Besonders mit Joseph Goebbels, Reichspropagandaminister und „Kulturchef" in einer Person, der sich gern mit weiblichen Filmstars sehen ließ, verstand sie sich nicht. Als die Deutsche Steuerbehörde von ihr die Zahlung einer Million Reichsmark verlangte, da ihr USA-Aufenthalt als „Reichsflucht" angesehen wurde, suchte sie ihn persönlich an seinem Dienstsitz in der Berliner Wilhelmstraße auf. Die Forderung wurde eingestellt. „Trotzdem war die Antipathie auf beiden Seiten sofort da", schreibt Harvey rückblickend. „Denn mir war schon klar geworden, welches bestialische Unternehmen diese neue Regierung war und wie sehr sich Deutschland verändert hatte." Bei seinem Besuch der Filmarbeiten zu „Schwarze Rosen" im Oktober 1935 setzte sie sich über Goebbels Unterbrechung der Dreharbeiten hinweg. Verärgert schrieb er daraufhin in sein Tagebuch über die erst 29-jährige Schauspielerin: „Nachmittags Ufa. Die Harvey spielen gesehen. Alt und verbraucht. Persönlich noch viel Charme. Aber es wird bald mit ihr zu Ende sein."

Während andere Kolleginnen und Kollegen wie ihr ehemaliger Filmpartner Willy Fritsch, der sogar der NSDAP beigetreten war, sich den Nationalsozialisten andienten, um weiter Karriere machen zu können, galt Harvey in Nazikreisen bald als „unzuverlässig" und wurde misstrauisch beobachtet. Der antisemitischen NS-Politik zum Trotz hielt sie an ihrem jüdischen Freundeskreis fest und empfing ihn weiterhin in ihrem Haus am Potsdamer Griebnitzsee, das sie seit ihrer Rückkehr aus den USA bewohnte. Auch durch anonyme Drohbriefe ließ sie sich nicht einschüchtern.

1937 rettete sie den wegen Homosexualität verhafteten Tänzer und Choreografen Jens Keith (1898–1958), mit dem sie damals den Tanzfilm „Fanny Elßler" drehte. Sie drohte mit Vertragsbruch, wenn er nicht weiter mitarbeiten würde, erreichte gegen eine hohe Kaution seine Freilassung und verhalf ihm schließlich zur Flucht in die Schweiz. Danach erhielt sie erstmals Hausbesuch von Gestapo-Beamten. Nachdem sie ihren britischen Pass gezeigt hatte, blieb sie zwar unbehelligt, erhielt aber die unmissverständliche Drohung: „Wir werden Sie noch kriegen!" Zwei ihrer Haushaltshilfen, die nach kritischen Äußerungen bedroht wurden, verhalf sie zur Flucht auf ihr ungarisches Gut Tetétlen bei Debreczin, das sie 1936 für sich und ihren Lebensgefährten, den Ungarn-stämmigen Regisseur Paul Martin, gekauft hatte, um dort nach Beendigung ihrer Filmkarriere Pferde zu züchten.

Einige Monate später geriet sie erneut ins Blickfeld der Gestapo. Sie hatte an der Trauerfeier für ihre tödlich verunglückte Kollegin Renate Müller teilgenommen, die von den Nazis schikaniert worden war, weil sie Hitler verschmäht und regelmäßig ihren jüdischen Freund Georg Deutsch im Londoner Exil besucht hatte. Goebbels hatte die Trauergäste heimlich filmen lassen. Durch nächtliche Drohanrufe terrorisiert, zog sich Harvey schließlich auf ihr ungarisches Gut zurück. Es entwickelte sich zeitweise zu einer Fluchtburg für NS-Verfolgte.

Weiterhin überwacht und drangsaliert drehte sie noch bis 1939 in Deutschland, da ihr bei Vertragsabbruch mit einer hohen Konventionalstrafe gedroht wurde. Bereits einen Tag nach Abschluss ihres Ufa-Films „Frau am Steuer" am 16. März 1939 verließ sie möglichst unauffällig ihre Wohnung und fuhr mit einem eigens zu diesem Zweck gekauften Auto über die französische Grenze nach Paris. Ihr Landgut im inzwischen deutlich Hitler-freundlichen Ungarn war als sicheres Exil nicht mehr geeignet. In Frankreich drehte Harvey zwar kaum noch, trat aber vor französischen Truppen auf. Auch für deutsche Emigranten versuchte sie sich einzusetzen.

Kurz bevor die deutsche Wehrmacht am 14. Juni 1940 in Paris einmarschierte, floh Harvey nach Juan-les-Pins an der südfranzösischen Côte d'Azur und von dort ein Jahr später über Barcelona und Lissabon in die USA nach Hollywood, wo inzwischen zahlreiche Berliner Emigranten aus dem Ufa-Filmgeschäft lebten, unter ihnen der Produzent Erich Pommer, die Regisseure Billy Wilder und Fritz Lang sowie die Schauspielerin Marlene Dietrich. Hier war sie nicht mehr als Schauspielerin tätig, sondern engagierte sich sozial und arbeitete nach Kriegseintritt der USA Ende des Jahres 1941 als Rot-Kreuz-Schwester.

Das NS-Regime konfiszierte inzwischen ihr in Deutschland verbliebenes Vermögen. Da sie sich „in Nordamerika in gehässiger Weise über die Führung des Reiches geäußert" habe, wurde ihr Name zudem 1942 auf eine „Ausbürgerungsliste" gesetzt, obwohl sie die deutsche Staatsbürgerschaft gar nicht besaß. Öffentliche Kritik an ihr wurde allerdings möglichst vermieden, denn das deutsche Kinopublikum blieb ihr weiterhin treu verbunden und ihre Filme brachten noch immer hohe Summen ein.

Sie kehrte im Dezember 1946 nach Europa zurück, ließ sich aber nicht wieder in Berlin, sondern erneut in ihrer Wahlheimat Frankreich nieder. Nach Deutschland, wo sie nach wie vor sehr beliebt war, kam sie nur noch zu gelegentlichen Gastspielen.

LISELOTTE HERRMANN
Biologiestudentin
*1909 Berlin; †1938 Berlin

Liselotte (Lilo) Herrmann war die erste von den Nationalsozialisten hingerichtete Widerstandskämpferin. Viele mutige Frauen teilten ihr Schicksal in den nächsten Jahren.

Von Jugend an war Herrmann, die aus einer gutbürgerlichen
Berliner Familie stammte, politisch aktiv. Sie engagierte sich im
„Sozialistischen Schülerbund" und der „Roten Studentengruppe".
1931 trat sie der KPD bei. Als Biologiestudentin an der Berliner
Universität unterschrieb sie, nachdem die Nazis an die Macht gekommen waren, einen „Aufruf zur Verteidigung demokratischer
Rechte und Freiheiten". Daraufhin gehörte sie zu den 111 uner-
wünschten Studierenden, die die traditionsreiche Hochschule, an
der einst Persönlichkeiten wie die Philosophen Fichte und Hegel,
der Historiker Theodor Mommsen oder der Physiker Max Planck
gelehrt hatten, verlassen mussten. Als staatliche Institution war
auch die Universität 1933 „auf Kurs" gebracht worden.

Wie alle aktiven KPD-Mitglieder war Herrmann in den folgenden Jahren der erbarmungslosen Verfolgung durch das NS-Regime
ausgesetzt. Sie tauchte zunächst unter einem Decknamen unter
und arbeitete als Kinderpflegerin. Als ein Leben in der Illegalität
nach der Geburt ihres Sohns Walter am 15. Mai 1934 kaum mehr
möglich war, zog sie zu ihren Eltern, die damals in Stuttgart lebten.
Der Vater ihres Kindes Fritz Rau (1904–1933), ein Journalist und
überzeugter Kommunist, war bereits 1933 verhaftet und wenige
Monate später im Gefängnis erschlagen worden.

Getarnt als Sekretärin im Ingenieurbüro ihres Vaters engagierte sich Herrmann im Widerstand. Sie leitete Informationen über

deutsche Kriegsvorbereitungen an Schweizer Genossen weiter, darunter Pläne zum Bau einer unterirdischen Munitionsfabrik bei Celle, geriet jedoch bald ins Blickfeld der Gestapo. Bei einer Hausdurchsuchung im Dezember 1935 entdeckte man, neben verschiedenen KPD-Schriften, schließlich eine Kopie des Bauplans.

Anderthalb Jahre lang, bis zu Prozessbeginn, saß sie in Haft, zunächst in Stuttgart, wo sie mit der Kommunistin und Widerstandskämpferin Lina Haag (1907–2012) zusammentraf, und später im Berliner Frauengefängnis Barnimstraße. Ihre Eltern, die sich um ihren kleinen Enkel kümmerten, waren inzwischen wieder nach Berlin gezogen, um ihrer Tochter beistehen zu können. Am 12. Juni 1937 wurde Herrmann wegen „Landesverrats und Vorbereitung zum Hochverrat" zum Tod verurteilt. Als die Nachricht ins Ausland drang, folgten europaweite Rettungsversuche. Bittschreiben für eine Begnadigung der jungen Mutter gingen an die Deutsche Botschaft. Britische Prominente wandten sich in einem Telegramm an Hitler. Die „Internationale Frauenliga für Frieden und Freiheit" schrieb an NS-Reichsfrauenführerin Gertrud Scholtz-Klink und Herrmanns Mutter an Emmy Göring, die Ehefrau des NS-Reichsministers Hermann Göring. „Kein Name eines deutschen Antifaschisten – mit Ausnahme von Ernst Thälmann und Edgar André – wurde in diesen Jahren so häufig genannt wie der von Lilo Herrmann", so der Schriftsteller Stephan Hermlin rückblickend.

Alle Petitionen verhallten jedoch und Herrmann wurde am 20. Juni 1938 im Gefängnis Berlin-Plötzensee durch die Guillotine hingerichtet – drei Tage vor ihrem 29. Geburtstag. In ihrer politischen Überzeugung war sie unbeirrt geblieben: „Wenn ich über das mir bekannte Ziel des Kommunismus befragt werde, dann kann ich dies in einem Satz ausdrücken, und der heißt: das größte Glück der größten Menge. (...) Wenn ich weiter gefragt werde, wie ich mir den Weg zu diesem Ziel vorgestellt habe, dann antworte ich darauf: Durch Überzeugung der Massen und Schaffung einer Mehrheit für den Kommunismus."

Liselotte Herrmann

HANNAH HÖCH

Malerin, Grafikerin, Collagekünstlerin
*1889 Gotha (Thüringen); †1978 Berlin

1919 hatte Hannah Höch, eine Bürgertochter aus dem thüringi-
schen Gotha, die gegen den Widerstand ihres Vaters ihr Studium an
der Berliner Kunsthochschule durchgesetzt hatte, als einzige Frau
an der legendären „Ersten Internationalen DADA-Messe" im Berliner Kunstsalon Otto Burchard teilgenommen. Bald war sie eine
der bekanntesten deutschen Avantgardekünstlerinnen, die mit ihren
experimentellen Puppen und Zeitungs-Collagen wie dem „Schnitt
mit dem Küchenmesser Dada durch die letzte Weimarer Bierbauch-
kulturepoche Deutschlands" das gesetzte Bürgertum provozierte.
Ein kleiner Kreis der Berliner Dada-Bewegung um Hans Arp, Raoul
Hausmann und Kurt Schwitters traf sich gern in den zwei Zimmern
ihres damaligen Dachateliers im Stadtteil Friedenau.
    Für die Nazis verkörperte Höch nahezu alles, was sie hass-
ten. Nicht nur als Vertreterin einer modernen, anarchistischen
Kunstrichtung, sondern auch als selbstbestimmte Frau, die vom
nationalsozialistischen weiblichen Rollenbild der treusorgenden
Ehefrau und Mutter abwich, indem sie mit der niederländischen
Schriftstellerin Til Brugman eine lesbische Beziehung führte.
Auch ihre spätere, 1944 geschiedene Ehe mit dem Handelsreisen-
den Kurt Heinz Matthies war gesellschaftlich nicht konform. Er
war nicht nur 21 Jahre jünger als sie, sondern auch eine proble-
matische Persönlichkeit, die wiederholt durch exhibitionistisches
Verhalten auffiel. Wegen „Erregung öffentlichen Ärgernisses" saß
er 1937 sogar in Haft, bis Höch nach zahlreichen Bittgesuchen bei
NS-Behörden nach einem dreiviertel Jahr seine vorzeitige Entlassung erreichen konnte.

Bald wurden ihre künstlerischen Arbeiten diffamiert, sie konnte nicht mehr ausstellen. In einer Schmähschrift über die Kunst der Moderne wurde ihr Gemälde „Die Journalisten" 1937 als Beispiel „bolschewistischer" und „anarchistischer" Kunst abgebildet. Höch passte sich nach außen hin an, malte in den kommenden Jahren harmlose Blumenaquarelle, die sie in kleinen privaten Galerien anbot, und gestaltete gelegentlich Illustrationen und Buchcover für den Zeitschriftenverlag des befreundeten niederländischen Verlegers Anthony Bakel. Diese Zeit bedeutete einen großen Karriereknick. Sie wurde als Künstlerin in Deutschland erst in den 1960er Jahren wieder entdeckt.

Während ihre Dada-Freunde während der Nazidiktatur großenteils emigrierten, zog sich die Künstlerin im Herbst 1939 vor dem Zugriff der Nazis in ihr Häuschen in Heiligensee, An der Wildbahn 33, zurück, das damals kaum mehr als eine ausgebaute Laube war. Sie hoffte hier, am ruhigen Stadtrand im Norden Berlins, die NS-Zeit unauffällig zu überstehen. In ihr Friedenauer Dachatelier war bereits 1932 eingebrochen worden. Wichtige Dokumente waren gestohlen worden – möglicherweise ein erster Einschüchterungsversuch der Nazis. „Als ich, ein Jahr vor Kriegsausbruch, ein wenig Geld geerbt hatte", erzählte sie später, „beschloß ich, mich nach einer Gegend umzusehen, in der mich niemand kannte und wo man von meiner schändlichen Vergangenheit als Dadaistin – oder Kulturbolschewistin, wie man es nannte – nichts ahnte. Ich hatte Glück dieses kleine Haus zu finden, ein früheres Wärterhaus am Eingang eines Flugplatzes, der hier im Ersten Weltkrieg angelegt worden war." Hier leistete sie ihre Art von Widerstand: Wie die Malerin Gabriele Münter im bayerischen Murnau heimlich die Bilder ihres Freundes Wassily Kandinsky aufbewahrte, versteckte Höch, ständiger Angst und Gefahr zum Trotz, die Werke diffamierter Künstlerkollegen bei sich, „genug, um mich und alle in Deutschland lebenden früheren Dadaisten an den Galgen zu bringen".

HELENE JACOBS
Sekretärin
*1906 Schneidemühl/Westpreußen (heute Piła/Polen);
†1993 Berlin

„Meine Welt ging kaputt, die wollte ich verteidigen. Ich hatte am 30. Januar 1933, als Hitler Reichskanzler wurde, mein Vaterland verloren. Besonders die antisemitischen Nürnberger Gesetze (1935), die einen Teil der Bevölkerung willkürlich aus der Gemeinschaft ausschlossen, gingen mir unter die Haut. Diesen verfolgten Menschen wollte ich helfen."

Dabei zählte Helene Jacobs, die von der israelischen Holocaustgedenkstätte Yad Vashem seit 1968 als „Gerechte unter den Völkern" geehrt wird, nicht zu den schillernden, im Nachhinein sehr bekannt gewordenen Widerstandskämpferinnen wie Sophie Scholl, Libertas Schulze-Boysen oder Maria Gräfin von Maltzan. Sie war eine der vielen „stillen Heldinnen", für die die praktische Unterstützung Hilfsbedürftiger selbstverständlich, ja moralische Verpflichtung war, obwohl sie sich selbst als eher ängstlichen Menschen bezeichnete. Sie „war eine ganz normale Frau", sagte eine ihrer Freundinnen. „Sie bekam nur früher mit, was passierte, reflektierte das, was sie sah und reagierte darauf."

Jacobs war alleinstehend, ihre Lebensverhältnisse bescheiden und unauffällig. Die höhere Schule hatte sie nach dem frühen Tod ihres Vaters, eines Lehrers, abbrechen müssen. Sie hatte Sekretärin gelernt und ab 1924 in der Berliner Kanzlei des jüdischen Patentanwalts Hermann Barschall gearbeitet, der ein guter Freund wurde. 1939 verhalf sie ihm und seiner Frau zur Flucht aus Deutschland, wozu sie eigens in die Niederlande reiste, um ihnen Devisen zu hinterlegen. Es war der Beginn ihrer jahrelangen illegalen Hilfe. Die gläubige Christin engagierte sich in der oppositionellen, die nationalsozialistische Rasse-Ideologie ablehnenden „Bekennenden Kirche" um die Pfarrer Martin Niemöller und Helmut Gollwitzer in Berlin-Dahlem sowie im Helferkreis um den Juristen und entlassenen Staatsbeamten Franz Kaufmann, einem zum Christentum konvertierten Juden, der meist jüdische Verfolgte mit Lebensmitteln, Verstecken und gefälschten Papieren zu unterstützen versuchte. Im Juni 1943 versteckte Jacobs in ihrer kleinen Wilmersdorfer Wohnung, Bonner Straße 2, den steckbrieflich gesuchten Cioma Schönhaus, ein junger, der Deportation entkommener Jude, der sich als gelernter Grafiker ausgezeichnet auf das Fälschen von Ausweisen und anderen Dokumenten verstand. Jacobs übernahm die Rolle der Kurierin und brachte seine „bearbeiteten" Papiere regelmäßig zu Kaufmann. „Äußerlich entsprach sie einer Tarnkappe. Sie wirkte wie die Unschuld vom Lande", schrieb Schönhaus später in seinen Memoiren. „Aber sie wusste sich dieser Tarnkappe hervorragend zu bedienen."

Jacobs schickte auch Lebensmittelpäckchen in die Ghettos in Warschau und Lodz, bis ihr die Gestapo auf die Spur kam. Im August 1943 wurde sie verhaftet und im Januar 1944 zu zweieinhalb Jahren Zuchthaus verurteilt – eine „milde" Strafe, die sie im Berliner Frauengefängnis in der Kantstraße verbüßte. Man hielt sie für eine durch die „Bekennende Kirche" „irregeführte Frau", den vollen Umfang ihrer Tätigkeiten hatte man nicht erkannt. Es war ihr gelungen, die Gestapo-Beamten so lange von ihrer Wohnung fernzuhalten, dass Schönhaus fliehen und zuvor belastendes Material vernichten konnte.

Wenige Tage vor Kriegsende kam Jacobs frei. Sie begann ein Jurastudium, das sie aus Geldnot wieder aufgab, und arbeitete anschließend beim Berliner Entschädigungsamt, wo ihr Einsatz für ehemalige NS-Verfolgte zum Teil auf Unverständnis stieß. Der Kontakt zu Schönhaus, der im Herbst 1943 mit selbst gefälschten Papieren – einem Wehrpass und einem Urlaubsschein der Wehrmacht – in die Schweiz entkommen war, hielt ein Leben lang.

EDITH JACOBSON
(ursprünglich Jacobssohn)
Ärztin, Psychoanalytikerin
*1897 Haynau/Niederschlesien (heute Chojnów/
Polen); †1978 Rochester/New York

„Als ich jung war, habe ich mich für Politik nicht interessiert. (…)
Aber dann, Ende der zwanziger Jahre, begann Hitlers Aufstieg, und
schon bald hatte er immer größere Massen hinter sich. Hier lauer-
te eine Gefahr, das spürte ich. Ich hörte seine Reden und las *Mein
Kampf*, und ich war entsetzt."

Edith Jacobson, die Tochter des jüdischen Arztes Jacques Jacobssohn, gehörte neben Helene Deutsch, Karen Horney, Melanie Klein und Annie Reich zu den maßgebenden Psychoanalytikerinnen im Berlin der 1920er und frühen 1930er Jahre. Bevor sie
1928 ihre eigene Praxis eröffnete, hatte sie an der Nervenklinik
der renommierten Charité gearbeitet, die damals Karl Bonhoeffer, Vater des evangelischen Theologen und späteren NS-Widerstandskämpfers Dietrich Bonhoeffer und Schwiegervater von
Emmi Bonhoeffer, leitete. Sie stand politisch links, ohne Mitglied
einer Partei zu sein, schloss sich aber dem marxistisch orientierten Psychoanalytiker-Kreis um den österreichischen Arzt und Se-
xualforscher Wilhelm Reich an. Sie hielt Vorträge im „Einheits-
verband für proletarische Sexualreform und Mutterschutz" und
arbeitete an einer Berliner Sexualberatungsstelle für Jugendliche.
Nach Hitlers Machtübernahme Ende Januar 1933 engagierte sie
sich unter den Decknamen „John" und „Irma" in der linken Widerstandsorganisation „Neu Beginnen" um den ehemaligen Berliner KPD-Funktionär Walter Loewenheim, die bereits seit 1929
bestand. Sie strebte eine Einheitspartei an, da die beiden großen

Arbeiterparteien, die Sozialdemokraten und die Kommunisten versagt hätten. Dabei hatte es sich die Bewegung zur Aufgabe gemacht, Berichte über die inhumanen, rechtlosen Zustände in Nazideutschland ins Ausland zu lancieren. Einige Mitglieder von „Neu Beginnen" waren bei Jacobson in psychoanalytischer Behandlung, unter ihnen die als Kurierin der Gruppe tätige Liesel Paxmann, die sich später in Dresdener Gestapohaft das Leben genommen haben soll. Darüber hinaus soll Jacobson finanzielle Unterstützung geleistet und ihre Wohnung für Zusammenkünfte zur Verfügung gestellt haben. Ob sie sich an weiteren Aktivitäten beteiligte, ist nicht bekannt.

Nach Aufdeckung von „Neu Beginnen" wurde Jacobson am 24. Oktober 1935 von der Gestapo aus ihrer Wohnung in Berlin-Wilmersdorf geholt, in das Untersuchungsgefängnis Moabit gebracht und zehn Monate später wegen „Vorbereitung eines hochverräterischen Unternehmens" zu zwei Jahren und drei Monaten Zuchthaus verurteilt. Der Doktortitel wurde ihr aberkannt, die Deutsche Psychoanalytische Gesellschaft hob ihre Mitgliedschaft auf. Ihre Strafe verbüßte sie zunächst im niederschlesischen Jauer (heute Jawor/Polen), wo sie ihre auf nüchterner Selbstbeobachtung basierenden „Gefängnisaufzeichnungen" verfasste. Aufgrund einer schweren Schilddrüsenerkrankung wurde sie später in das Israelitische Krankenhaus in Leipzig verlegt, an dem ihr Bruder Erich als Arzt arbeitete. Sogar unter diesen Umständen fand Jacobson die Kraft, wissenschaftlich zu arbeiten. Ihr Aufsatz „Wege der weiblichen Über-Ich-Bildung" konnte aus dem Gefängnis geschmuggelt und im Sommer 1936 durch ihren Kollegen Otto Fenichel auf dem Internationalen Psychoanalytischen Kongress im tschechischen Marienbad vorgetragen werden. Fenichel bemühte sich zugleich intensiv um Jacobsons Freilassung und versuchte über das Chicago Psychoanalytic Institute ihre Einreise in die USA zu ermöglichen. Am Ende gelang ihr mit dem Ausweis einer Berufskollegin eigen-

Edith Jacobson

ständig die Flucht nach Prag. Im Herbst 1938, ein Jahr vor ihrem Bruder, emigrierte sie von dort aus nach New York, wo sie sich als eine der erfolgreichsten Psychoanalytikerinnen ihrer Zeit etablieren konnte.

HILDEGARD JADAMOWITZ

Arbeiterin, Röntgenassistentin
*1916 Berlin; †1942 Berlin

Viel Persönliches ist über Hildegard (genannte Hilde) Jadamowitz
nicht bekannt. Sie wuchs mit ihrer vier Jahre älteren Schwester Beatrice bei ihrer jüdischen Großmutter im Berliner Arbeiterbezirk
Neukölln auf, musste früh ihren eigenen Lebensunterhalt als Fabrikarbeiterin und Verkäuferin verdienen und ließ sich in Abendkur-
sen zur Sprechstundenhilfe und Röntgenassistentin weiterbilden.

Bereits als 15-Jährige engagierte sie sich im Kommunistischen
Jugendverband. 1933 wirkte sie in der KPD-Betriebszelle der Elek-
trotechnik-Firma Lorenz in Berlin-Tempelhof, ab 1935 auch in der
Internationalen Arbeiterhilfe mit. Bereits im Frühjahr 1936 wurde
Jadamowitz unter dem Verdacht der „Vorbereitung zum Hochverrat" erstmals verhaftet, jedoch nach neun Monaten Untersuchungshaft mangels Beweisen wieder entlassen. Sie verkehrte anschließend in kleinen Widerstandszirkeln junger Kommunisten,
die oppositionelle Flugblätter verfassten. Gemeinsam mit ihrer
Schwester Beatrice beteiligte sie sich an Flugblattaktionen der Widerstandsgruppe um den Ingenieur Joachim Franke und dessen
Frau Erika, zu der u. a. auch der Schriftsetzer Hans-Georg Vötter
und seine Frau Charlotte sowie der Laborant Werner Steinbrink
gehörten, mit dem sich Hildegard Jadamowitz später verlobte.
Er hatte, wie sie, einst die Neuköllner Rütli-Schule besucht. Gemeinsam mit ihm verschickte sie den Aufruf „An die deutsche
Ärzteschaft" an Hunderte von Medizinern, deren Adressen sie aus
dem Branchenverzeichnis herausgesucht hatten: „Deutsche Ärzte
kämpft mit uns für die Befreiung des deutschen Volkes vom faschistischen Joch, dann werden wir gemeinsam mit den anderen

Völkern der Erde Frieden, Brot und Freiheit haben!" An ihrer damaligen Arbeitsstelle in einer Praxis für Radiologie in Berlin-Tegel beschaffte sie zudem Medikamente und Atteste für Genossen.

Ihre vermeintliche Verwicklung in die größte und letzte Aktion der Widerstandsgruppe um den jungen jüdischen Kommunisten Herbert Baum wurde ihr zum Verhängnis: der Brandanschlag auf die NS-Propagandaausstellung „Das Sowjetparadies" im Berliner Lustgarten am 18. Mai 1942. Gemeinsam mit Joachim Franke hatte ihr Verlobter, der damals als Chemotechniker am Kaiser-Wilhelm-Institut für Chemie angestellt war, Schwarzpulver und Brennflüssigkeiten beschafft und daraus Sprengstoff hergestellt.

Der Anschlag schlug fehl. Die Brandsätze verpufften, es gab nur kleine Sachschäden, elf Besucher wurden leicht verletzt, die Ausstellung stillschweigend fortgesetzt. Bereits vier Tage später, am 22. Mai 1942, wurde Jadamowitz gemeinsam mit 20 weiteren jungen Frauen und Männern verhaftet und knapp zwei Monate darauf zum Tod verurteilt. Im Todesurteil hieß es: „Die an sich ehrlose Handlungsweise der Angeklagten konnte die Aberkennung der bürgerlichen Ehrenrechte nicht zur Folge haben, da sie als Juden diese nicht besitzen." Obwohl bis zuletzt nicht bewiesen worden war, dass Jadamowitz am Anschlag auf die Ausstellung beteiligt gewesen war, wurde die erst 26 Jahre junge Frau am frühen Morgen des 18. August 1942 im Strafgefängnis Berlin-Plötzensee hingerichtet – wenige Minuten nach ihrem Verlobten. Ihre Schwester Beatrice, die oppositionelle Flugschriften auf der Schreibmaschine abgetippt hatte, war zu sechs Jahren Zuchthaus verurteilt worden.

Auf dem großen jüdischen Friedhof in Berlin-Weißensee befindet sich das Ehrengrab von Herbert Baum. Auf der Rückseite seines Grabsteins sind die Namen der mit ihm damals zum Tod verurteilten Mitglieder seiner Widerstandsgruppe zu lesen, unter ihnen auffallend viele junge Frauen wie Hildegard Jadamowitz.

EVA KLEMPERER

geb. Schlemmer
Pianistin, Komponistin, Übersetzerin
*1882 Königsberg/Ostpreußen (heute Kaliningrad/
Russland); †1951 Dresden

In seinen Lebenserinnerungen „Curriculum vitae" und seinen berühmt gewordenen Tagebüchern, die 1995 unter dem Titel „Ich
will Zeugnis ablegen bis zum Letzten – Tagebücher 1933–1945"
posthum als Buch erschienen, beschreibt der Dresdner Romanist
Victor Klemperer (1881–1960) hautnah und detailliert seinen unerträglichen, von Angst und Schikanen geprägten Alltag als Jude in
Nazideutschland. Gleichzeitig setzt er seiner Frau Eva Klemperer
als „stiller Heldin" dieser Jahre ein literarisches Denkmal. Dadurch,
dass sie sich als „Arierin" trotz des wachsenden Drucks von außen
damals nicht von ihm scheiden ließ, hatte sie ihn vor der Deportation in ein NS-Vernichtungslager und damit vor dem sicheren Tod
bewahrt. „(…) ich bewundere und verehre Eva in diesen Wochen
noch mehr als früher schon", schrieb er damals in sein Tagebuch.

Mit Anfang zwanzig hatten sie sich in Berlin kennengelernt, wo
Eva Schlemmer, die aus einer großbürgerlichen, aber verarmten Kö-
nigsberger Familie stammte, eine Laufbahn als Pianistin eingeschla-
gen hatte und als Klavierlehrerin ihren Lebensunterhalt verdiente.
1906 heirateten sie. Obwohl sie als durchaus emanzipierte Frau gel-
ten kann, gab sie ihre eigenen beruflichen Pläne auf, um seine Karriere zu unterstützen. Dabei sorgte sie nicht nur für den Haushalt,
sondern diskutierte auch seine Schriften mit ihm und redigierte seine Texte. 1912 ging sie mit ihm nach München, wo er sein Romanis-
tikstudium abschloss, und 1920 nach Dresden, als er eine Professur
an der Technischen Universität erhielt. Ab 1933 durchlitt sie mit ihm

Eva Klemperer

alle Demütigungen, Entrechtungen und Gefahren, denen er als Jude im „Dritten Reich" ausgesetzt war. Emigrationspläne in die USA, wo seit 1937 sein älterer Bruder, der Arzt Georg Klemperer, lebte, waren frühzeitig gescheitert. Gemeinsam ertrugen sie seine Entlassung als Professor, die Ausgrenzung aus dem öffentlichen Leben und den „Umzug" aus dem eigenen geliebten Häuschen im Dresdener Stadtteil Dölzschen in ein beengtes Zimmer in einem „Judenhaus". Die Lebensumstände waren kaum zu ertragen. „Angst und Hunger", schrieb Victor Klemperer am 23. Juni 1942 in sein Tagebuch, „füllen den Tag." Eva Klemperer bemühte sich verzweifelt um Nahrungsmittel und alles, was für den Alltag notwendig war. Sie durchlitt mit ihrem Mann die ständigen „Besuche" der Gestapo, vor der sie in riskanten Aktionen seine Tagebuchnotizen in sicherere Verstecke zu einer Freundin nach Pirna brachte. Nicht nur er, auch sie wurde von Gestapo-Leuten geschlagen, angespuckt und beschimpft: „Wenn ich eine Verwandte hätte, die sich mit einem Juden abgibt, die würde ich aufs tiefste verachten, Sie artvergessenes Weib!" Erst während der Bombardierung Dresdens am 13./14. Februar 1945 gelang ihnen schließlich die Flucht nach Süddeutschland.

Nach Kriegsende erfuhr Eva Klemperer an der Seite ihres Manns Neuanfang und Rehabilitation: die Rückkehr in ihr Dresdner Wohnhaus, seine Wiedereinsetzung als Universitätsprofessor und seine Bucherfolge wie das 1947 erschienene „LTI – Notizbuch eines Philologen", eine Abhandlung über die Sprache des „Dritten Reichs" („Lingua Tertii Imperii"), sowie die „Geschichte der französischen Literatur im 18. Jahrhundert", bei deren schwieriger Materialsammlung sie ihn in den zwölf leidvollen Jahren des Naziregimes nach Kräften unterstützt hatte. Eine Bibliothek hatte Victor Klemperer als Jude damals nicht betreten dürfen. Sie selbst übersetzte in den letzten Lebensjahren spanische und französische Literatur wie die Novellen von Guy de Maupassant ins Deutsche – ihre einzigen erhaltenen Arbeiten. Ihre Kompositionen gingen im Kriegsgeschehen verloren.

GRETA KUCKHOFF

geb. Lorke
Volkswirtin, Soziologin
*1902 Frankfurt/Oder; †1981 Berlin

Greta Kuckhoff gehört zu den heute nur noch wenig bekannten Widerstandskämpferinnen der „Roten Kapelle". Sie stammte nicht aus Bildungsbürgerkreisen wie die meisten ihrer Mitglieder, sondern aus dem Handwerkermilieu in Frankfurt/Oder. Ihr Vater, ein gelernter Musikinstrumentenmacher, verdiente sein Geld als Metallarbeiter. Einen Teil ihres Studiums hatte sie sich mit einem Nebenjob in einem Kinderheim im von Armut geprägten Berliner Arbeiterbezirk Neukölln verdienen müssen.

Trotzdem gelang ihr ein beruflicher und gesellschaftlicher Aufstieg, der für eine Frau aus wenig privilegierten Verhältnissen damals überaus ungewöhnlich war. Sie studierte Volkswirtschaft in Berlin und Würzburg und zwischen 1927 und 1929 Soziologie an der University of Wisconsin-Madison (USA). Nach ihrer Rückkehr arbeitete sie als Assistentin eines Züricher Rechtsanwalts, als Sprachlehrerin, Übersetzerin und Lehrerin für amerikanisches Wirtschaftsrecht in Berlin und ab 1932 am Institut für Sozialforschung in Frankfurt/Main als wissenschaftliche Assistentin bei Karl Mannheim (1893–1947). Als er 1933 seine Professur verlor, weil er Jude war, nutzte sie einen Studienaufenthalt an der London School of Economics, um seine Emigration vorzubereiten. Gleichzeitig begann die katholisch erzogene Greta Kuckhoff, die mit dem Kommunismus sympathisierte, ohne der KPD anzugehören, „Anschluß an Widerstandskreise" zu suchen, wie sie später in ihren Erinnerungen schreibt.

Ihre oppositionelle Einstellung und linke Weltanschauung teilte sie mit ihrem späteren Ehemann, dem 15 Jahre älteren Adam Kuck-

Greta Kuckhoff

hoff (1887–1943), den sie 1930 auf einem Theaterkongress in Hamburg kennengelernt hatte: Fabrikantensohn aus Aachen, bekannter Schriftsteller, Theaterregisseur, Dramaturg an den Staatlichen Schauspielen Berlin, Marxist ohne Parteibuch und ein NS-Gegner erster Stunde. Im Frühjahr 1933 bat er Greta, die sich damals noch in London aufhielt, zu ihm nach Berlin zu kommen: „Gerade, weil ich Dich liebe, kann ich nicht darauf verzichten, Dich auch im politischen Kampf an meiner Seite zu wissen." Das Paar heiratete 1937 und bekam Anfang 1938 den Sohn Ule (gest. 1989).

Wie Arvid und Mildred Harnack, die Greta Kuckhoff bereits während ihres USA-Aufenthalts kennengelernt hatte, Harro und Libertas Schulze-Boysen, John und Sophie (1893–1987) Sieg und andere Freunde aus dem Widerstand lebten die Kuckhoffs nach außen hin durchaus angepasst. Vermittelt durch Libertas Schulze-Boysen, die als Filmkritikerin arbeitete, verfasste Adam Kuckhoff Drehbücher für die Ufa-Filmgesellschaft, darunter „Der Fuchs von Glenavon", ein Melodram mit antibritischer Propaganda (1940), und hatte Erfolg mit seinen eigenen Dramen, Romanen und Gedichten. Greta Kuckhoff, die gut Französisch und durch ihren USA-Aufenthalt fließend Englisch sprach, übersetzte wirtschaftswissenschaftliche Fachtexte und unterstützte Mildred Harnack bei der Übertragung literarischer Texte ins Deutsche, darunter die noch heute lieferbare Romanbiografie über Vincent van Gogh, die der US-amerikanische Autor Irving Stone 1934 veröffentlicht hatte („Vincent van Gogh – Ein Leben in Leidenschaft"). Zudem übernahm sie die Rolle der „Sekretärin" ihres Manns, wie sie später nicht ohne Ironie in ihren Erinnerungen schrieb.

Mit ihren Sprachkenntnissen konnte sie gleichzeitig viel für die Widerstandsgruppe beisteuern. Wiederum gemeinsam mit Mildred Harnack übertrug sie Reden des US-Präsidenten Franklin D. Roosevelt und des britischen Premierministers Winston Churchill ins Deutsche. Ende der Dreißigerjahre arbeitete sie mit ihrem

Berliner Wohnungsnachbarn, dem irischen Schriftsteller James Vincent Murphy, außerdem an einer englischen Ausgabe von Hitlers „Mein Kampf" („My Struggle"), um das Ausland vor dessen Vernichtungspolitik zu warnen. Jüdischen Familien, die auf ein Visum für Großbritannien oder die USA warteten, gab sie kostenlosen Englischunterricht. Sie tippte illegale Schriften – zur Vorsicht nicht auf der eigenen, sondern auf einer Büro-Schreibmaschine – und übernahm riskante Botengänge, wobei sie zuvor auswendig gelernte konspirative Informationen übermittelte, die aus Sicherheitsgründen nicht verschriftlicht wurden. Im Juni 1941 nahm sie auf dem Dahlemer U-Bahnhof Thielplatz (heute U-Bahnhof Freie Universität) einen Koffer mit einem Funkgerät entgegen, den sie in ihrer Wohnung aufbewahrte, bis er an Hans Coppi, den Funker der Gruppe, übergeben werden konnte. Zugleich blieb sie, wie die meisten Frauen der „Roten Kapelle", von vielen Vorgängen ausgeschlossen, nicht zuletzt, um sie zu schützen, weil sie ein kleines Kind hatte: „Man sagte mir nicht die ganze Wahrheit, das war unbehaglich – aber ich war gewohnt, nicht zu fragen."

Das Ehepaar Kuckhoff gehörte zu den mehr als 120 Frauen und Männern, die nach Aufdeckung der „Roten Kapelle" verhaftet wurden. Adam wurde am 12. September 1942 von der Gestapo in Prag gefasst, wo er im Auftrag der Kulturfilm-Zentrale einen Film über die NS-Umgestaltung der Stadt Posen vorbereitete. Greta, die nach einem Besuch in Posen einen Bericht über die unmenschliche Behandlung jüdischer und polnischer Bürger geschrieben hatte, wurde am frühen Morgen desselben Tags in ihrer Berliner Wohnung festgenommen. Der Betreuerin ihres Sohns sagte die Gestapo, die Mutter komme in ein Nervensanatorium. Die Wohnung übernahm nach ihrer Verhaftung ein Mitarbeiter des Reichssicherheitshauptamts.

Greta Kuckhoff wurde zunächst in das Polizei-Untersuchungsgefängnis am Alexanderplatz gebracht und dort stundenlang verhört. Hier und in weiteren Gefängnissen traf sie auf viele ihrer Mitkämpferinnen, unter ihnen Ilse Stöbe, Cato Bontjes van Beek, Marta Husemann, Ilse Schaeffer, Eva Maria Buch und Elisabeth Schumacher. Vom Schicksal ihres Manns wusste sie monatelang nichts, sie sah ihn erst bei der Gerichtsverhandlung vor dem Berliner Reichskriegsgericht wieder. Er wurde nach schwerer Folter in Gestapohaft im Februar 1943 zum Tod verurteilt und Anfang August in Berlin-Plötzensee hingerichtet. Auch sie erhielt u. a. wegen „Beihilfe zur Vorbereitung des Hochverrats" zunächst die Todesstrafe, wurde dann aber zu zehn Jahren Zuchthaus begnadigt und im Mai 1945 schließlich durch die Rote Armee aus dem Zuchthaus Waldheim in Sachsen befreit.

Gemeinsam mit ihren damaligen Kampfgefährten, dem Schriftsteller Günther Weisenborn, dem Kulturpolitiker Adolf Grimme und dem Regisseur Falk Harnack, verklagte sie den ehemaligen Oberstkriegsgerichtsrat Manfred Roeder nach Kriegsende wegen „Aussagen-Erpressung". Er hatte einst die Todesurteile gegen die Mitglieder der „Roten Kapelle" beantragt. Das Verfahren gegen ihn wurde im Mai 1952 eingestellt, er blieb lebenslang unbehelligt.

Wie Hilde Benjamin und Elfriede Paul machte Greta Kuckhoff später in der DDR Karriere. Ihr Amt als Präsidentin der DDR-Notenbank verlor sie jedoch auf Betreiben von Staatsoberhaupt Walter Ulbricht wegen mangelnder Linientreue bereits 1958 wieder. Unter dem Titel „Adam Kuckhoff zum Gedenken – Novellen – Gedichte – Briefe" gab sie 1946 ihr Erinnerungsbuch an ihren Mann heraus. 1972 erschien ihre Autobiografie „Vom Rosenkranz zur Roten Kapelle", in der sie ausführlich über ihre Aktivitäten im NS-Widerstand berichtete.

TRAUTE LAFRENZ

verh. Lafrenz-Page
Ärztin, damals Studentin
*1919 Hamburg; †2023 Charleston County (South
Carolina/USA)

Während Sophie Scholl weltberühmt wurde, gehört die Hamburger Beamtentochter Traute Lafrenz zu den unbekannteren Widerstandskämpferinnen der „Weißen Rose", der vor allem in München, aber auch in Hamburg aktiven Gruppe junger oppositioneller Studierender, die mit Flugblattaktionen über die Verbrechen des Naziregimes aufklärten und zum Sturz der Hitlerdiktatur aufriefen. Bereits als Schülerin hatte sich ihre regimekritische Einstellung entwickelt: „Obwohl ich nicht älter als 14 war, als Hitler an die Macht kam, nahmen meine Klassenkameraden und ich schnell die Brutalität des neuen Regimes wahr." Ihre politische Sensibilität verdankt Lafrenz dabei auch ihrer Lehrerin Erna Stahl an der liberalen, reformpädagogischen Hamburger Lichtwarkschule. Sie hatte ihre Schülerinnen und Schüler immer zu eigenverantwortlichem Denken ermutigt. „Ihr Unterricht", so Lafrenz, „war ein Geschenk für das ganze Leben."

1939 begann Lafrenz ein Medizinstudium in Hamburg. Als sie 1941 an die Ludwig-Maximilians-Universität in München wechselte, vermittelte ihr der Münchner Alexander Schmorell, der eine Zeitlang mit ihr in Hamburg studiert hatte, den Kontakt zur „Weißen Rose". Sie beteiligte sich an den Leseabenden und Ausflügen der Gruppe um Christoph Probst, Willi Graf und die Geschwister Sophie und Hans Scholl. Mit ihm verband sie eine kurze Liebe.

Wie Sophie Scholl besorgte auch Lafrenz Papier und Briefmarken für Flugblätter, die auch per Post verschickt wurden. An deren

Traute Lafrenz

Abfassung und Herstellung war sie nicht beteiligt. Im Herbst 1942 nahm Lafrenz das dritte Flugblatt der „Weißen Rose" zu einem Besuch mit nach Hamburg, wo es bald in oppositionellen Studierendenkreisen kursierte. Einige von ihnen waren einstige Mitschüler an der Lichtwarkschule, darunter Margaretha Rothe und Heinz Kucharski. Mit ihm hörte sie verbotenerweise auch den britischen Radiosender BBC.

Nach der Verhaftung der Scholls beim Auslegen von Flugblättern im Lichthof der Münchner Universität am 18. Februar 1943 entfernte Lafrenz belastendes Material aus deren Wohnung, warnte die anderen und benachrichtigte die Eltern Scholl in Ulm. Außer der Familie war sie die Einzige, die an der Beerdigung der Geschwister teilnahm, die nur vier Tage später zum Tod verurteilt und hingerichtet wurden.

Ungefähr einen Monat darauf wurde Lafrenz festgenommen. Mit Schmorell, Graf und dem der „Weißen Rose" nahestehenden Philosophieprofessor Kurt Huber, dessen Vorlesungen sie besucht hatte, stand sie vor dem NS-Volksgerichtshof. Sie hatte Glück im Unglück. Während ihre Mitstreiter zum Tod verurteilt wurden, erhielt Lafrenz wegen „Mitwisserschaft" ein Jahr Gefängnis. Gerichtspräsident Roland Freisler zählte sie zu den „dummen Mädels", „durch die die Sicherheit des Reiches nicht ernstlich gefährdet ist". Dass sie Material für die Flugblätter der „Weißen Rose" beschafft hatte, war unentdeckt geblieben. Sie selbst gab lediglich zu, ein Flugblatt erhalten und im Ofen ihres Zimmers verbrannt zu haben, statt es laut Vorschrift zur Anzeige zu bringen.

Kurz nach ihrer Freilassung Ende März 1944 wurde sie erneut verhaftet. Kucharski hatte inzwischen ein umfassendes Geständnis abgelegt – auch über Lafrenz. Sie blieb in Haft und saß, u. a. mit Margaretha Rothe und ihrer ehemaligen Lehrerin Erna Stahl im Frauenzuchthaus Cottbus. Zu einem neuen Prozess kam es durch das nahende Kriegsende nicht mehr.

1947 ging sie als Ärztin in die USA und heiratete dort ihren Berufskollegen Vernon Page. Ihre vier Kinder wussten lange nichts über ihre Widerstandstätigkeit in NS-Deutschland. Als Heldin hatte sie sich nie gesehen.

ANNEDORE LEBER

geb. Rosenthal
Schneiderin, Politikerin, Verlegerin, Publizistin
*1904 Wilmersdorf (heute zu Berlin); †1968 Berlin

Annedore Leber wuchs im heute zu Berlin gehörenden Wilmersdorf und ab 1918 in Lübeck auf, wo ihr Vater Georg Rosenthal das
traditionsreiche Gymnasium Katharineum leitete, bis er seine Stelle zu Beginn der Naziherrschaft wegen weit zurückliegender jüdischer Wurzeln verlor. Es kann sich nur um einen Zufall handeln,
dass sie selbst nie als Jüdin belangt wurde. Als „höhere Tochter"
besuchte sie keine öffentliche Schule, sondern erhielt vom Vater
Privatunterricht. Nach dem Abitur studierte sie einige Semester
Jura in München, bis sie sich zur Schneiderin ausbilden ließ, da sie
Moderedakteurin werden wollte.

Ihr späteres Leben führte sie auf andere Wege. Durch ihre Ehe
mit dem SPD-Politiker, Reichstagsabgeordneten und damaligen
Chefredakteur des „Lübecker Volksboten" Julius Leber (1891–
1945), den sie im November 1927 geheiratet hatte, geriet sie unerwartet mitten in das politische Zeitgeschehen. Er war ein Mann
mit festen Grundsätzen und von Anfang an gegen den Nationalsozialismus aktiv: „Man muß seine Pflicht tun vor sich selber, das
ist das einzige Gesetz von allgemeiner Gültigkeit. Und man muß
bereit sein, für alles was man so tut, die Verantwortung zu tragen,
dafür einzustehen mit allen Konsequenzen."

Als Hitler am 30. Januar 1933 in Berlin seine Ernennung zum
Reichskanzler feierte, wurde Julius Leber in Lübeck von Nazis
überfallen, schwer verletzt und, da einer der Angreifer dabei ums
Leben gekommen war, wegen „Beihilfe zum Totschlag" erstmals
verhaftet. Annedore Leber erreichte gegen Kaution seine Freilas-

sung. Bereits knapp zwei Monate später, am 23. März 1933, wurde er vor der Berliner Kroll-Oper, in der seit dem Brand des Reichstagsgebäudes der Reichstag zusammenkam, erneut festgenommen. Man wollte verhindern, dass er gegen das „Ermächtigungsgesetz" stimmte, mit dem die Nationalsozialisten schließlich die Ausschaltung des Parlaments durchsetzten. Es folgte eine jahrelange Leidenszeit in den Konzentrationslagern Esterwegen und Sachsenhausen.

Annedore Leber bemühte sich unermüdlich um seine Haftentlassung, schickte Bittbriefe an NS-Behörden, suchte hohe Nazis persönlich auf. 1935 zog sie mit ihren Kindern Katharina und Matthias nach Berlin, wo sie „Tag um Tag durch Gestapostellen, Ministerien und KZ-Lager" ihrem Mann „nachjagte". Bereits im August 1933 hatte er ihr aus der Haft geschrieben: „(...) ich empfinde deinen Mut, deine Tapferkeit und deinen Stolz als etwas für mich ungeheuer Großes, und ich bin stolz auf dich und bewundere dich manchmal in meiner Zelle". Auch finanziell inzwischen ganz auf sich gestellt, eröffnete sie in ihrem kleinen Reihenhaus am Berliner Stadtrand ein eigenes Schneiderinnen-Atelier, in dem sie bald zehn Angestellte beschäftigte. Ab September 1938 arbeitete sie als Abteilungsleiterin der Schnittmusterherstellung im Deutschen Verlag in Berlin. 1941 wurde sie dort Leiterin der Mode- und Schnittmusterproduktion.

Ihr Mann kam im Mai 1937 frei, durfte aber seinen Beruf nicht mehr ausüben. Vermittelt durch Freunde wurde er 1939 Teilhaber der Kohlenhandlung „Bruno Meyer Nachfahren" in der Torgauer Straße 24–26 in Berlin-Schöneberg, und das sogar mit Erfolg: „Zuletzt war das dann die dritt- oder viertgrößte Kohlenhandlung von Berlin", sagte seine Tochter Katharina Christiansen rückblickend. Dabei beschäftigte er auch Juden, Zwangsarbeiter und vom Regime verfolgte Parteigenossen, um sie auf diese Weise vor dem Zugriff des Regimes zu schützen. Obwohl ihm jede politische Be-

Annedore Leber

tätigung untersagt war, entwickelte sich das Hinterzimmer der Kohlenhandlung gleichzeitig zu einem Zentrum des Widerstands. Mit zwei Ausgängen, so Marion Yorck von Wartenburg in ihren Erinnerungen, „damit er im Notfall auch verschwinden konnte". Hier trafen sich sozialdemokratische Weggefährten ebenso wie oppositionelle Offiziere. Julius Leber, der auch Kontakte zum kommunistischen NS-Widerstand hielt und ein enges Vertrauensverhältnis zu dem späteren Hitlerattentäter vom 20. Juli 1944 Claus Schenk Graf von Stauffenberg besaß, gehörte zum NS-oppositionellen „Kreisauer Kreis" um Helmuth James Graf von Moltke und Peter Yorck von Wartenburg, die Pläne für ein demokratisches Deutschland nach dem Ende des „Dritten Reichs" erarbeiteten. Leber, so Marion Yorck von Wartenburg, war „die stärkste Persönlichkeit in dem Kreis, vielleicht, weil er der Älteste war". Nach einem erfolgreichen Umsturz war er als künftiger Innenminister vorgesehen.

Die Gestapo wurde erneut auf ihn aufmerksam und verhaftete ihn Anfang Juli 1944 ein weiteres Mal. Jetzt blieb Annedore Leber nicht verschont. Sie kam einen Monat nach ihm in das Untersuchungsgefängnis Berlin-Moabit, die Kinder in den Haushalt eines SS-Manns. Nach ihrer Entlassung im September des Jahres konnte sie ihren Mann nur noch einige Male in der Haft besuchen, bevor er in einem Schauprozess vor dem NS-Volksgerichtshof zum Tod verurteilt und am 5. Januar 1945 im Gefängnis Berlin-Plötzensee gehängt wurde. Annedore Leber trauerte unsagbar um ihn. Marion Yorck von Wartenburg schrieb in ihren Erinnerungen: „Sie wußte erst spät von der ganzen Verschwörung. Er (Julius Leber) wollte sie schonen. Aber sie hat von uns Frauen wohl das schwerste Schicksal gehabt, weil ihr Mann so lange (…) im KZ saß und nachher noch getötet wurde."

Nach Kriegsende wurde Annedore Leber selbst politisch aktiv und nahm öffentlich Stellung. „Ich glaube also", sagte sie in einer Rede vor der Internationalen Frauenliga für Frieden und Freiheit,

„daß ich den Anspruch habe, jetzt meine Stimme erheben zu dürfen."

Sie war am Wiederaufbau der SPD beteiligt, der sie bereits seit 1927 angehörte. 1946 bis 1950 war sie SPD-Stadtverordnete, 1954 bis 1962 Bezirksverordnete von Berlin-Zehlendorf und später Mitglied des Berliner Abgeordnetenhauses. Darüber hinaus engagierte sie sich als „Nachlassverwalterin des deutschen Widerstands". In Zeitungsartikeln erinnerte sie an ihre Freunde aus dem NS-Widerstand und die „Frauen des 20. Juli". In dem kleinen nach dem Krieg wieder aufgebauten Gebäude der ehemaligen Kohlenhandlung gründete sie 1947 den Mosaik Verlag (ab 1961 Annedore Leber Verlag), in dem zuerst das Frauenmagazin „Mosaik" erschien, das sich, nach den erschütternden Erfahrungen in der Hitlerdiktatur, nicht nur mit Mode und Alltagsthemen, sondern auch mit Politik befasste. Hier veröffentlichte sie auch ihre eigenen Bücher, in denen sie den Widerstand im „Dritten Reich" würdigen und für demokratische Werte werben wollte. Mit ihrem langjährigen politischen Weggefährten Gustav Dahrendorf gab sie 1952 unter dem Titel „Ein Mann geht seinen Weg" die Schriften, Reden und Briefe ihres Manns heraus. Es folgte u. a. „Das Gewissen steht auf. 64 Lebensbilder aus dem deutschen Widerstand 1933–1945" (1954), das die Journalistin und einstige Hitlergegnerin Marion Gräfin Dönhoff „eines der eindrucksvollsten Dokumente über den deutschen Widerstand" nannte. Gemeinsam mit Freya von Moltke, der Witwe Helmuth von Moltkes, verfasste Leber 1960 auch das Schulbuch „Für und Wider – Entscheidungen in Deutschland 1918–1945". Mit ihren Publikationen stieß sie eine öffentliche Auseinandersetzung mit der nationalsozialistischen Vergangenheit Deutschlands an, während viele ihrer Landsleute längst gern einen Schlussstrich gezogen hätten.

Annedore Leber

MARIA LEIPELT
verh. Leipelt Bade
Biochemikerin, damals Bürokraft
*1925 Hamburg; †2008 Concord (Massachusetts/USA)

Bis die nationalsozialistischen Repressionen und die Verfolgung ihrer Familie begannen und ihre Lebenssituation immer verzweifelter wurde, wuchs die Hamburgerin Maria Leipelt mit ihrem Bruder Hans in gut situierten und gesicherten bürgerlichen Verhältnissen auf. Ihre Mutter Katharina war promovierte Chemikerin, ihr Vater Konrad Diplomingenieur und Technischer Direktor der Zinnwerke Wilhelmsburg. Die Wohnhäuser der Familie, zunächst im ländlichen Rönneburg am Hamburger Stadtrand und später in der Kirchenallee 20 (mittlerweile Mannesallee) im heutigen Hamburg-Wilhelmsburg, sollen Orte freier und kritischer Gespräche gewesen sein.

Maria Leipelt, protestantisch getauft und erzogen, galt seit den 1935 erlassenen Nürnberger Rassegesetzen als „Halbjüdin", denn ihre Mutter stammte aus einer jüdischen Familie im tschechischen Mähren, wenngleich sie schon vor langer Zeit zum Christentum konvertiert war. Mit dem plötzlichen Tod des „arischen" Vaters, der Ende September 1942 während einer Kur unerwartet an einem Herzschlag starb, verlor die Familie, vor allem die Mutter als „Volljüdin", jeglichen Schutz. Sie musste sich zur Zwangsarbeit bei einer Futtermittelfirma melden. Die Großmutter Hermine Baron war im Juli 1942 in das sogenannte Altersghetto Theresienstadt deportiert worden, wo sie ein halbes Jahr später starb, ohne dass ihre Angehörigen darüber informiert wurden. Marias Onkel Otto, der Bruder ihrer Mutter, hatte sich bereits im April 1938, kurz nach dem Einmarsch der deutschen Wehrmacht in Österreich, in Wien das Leben genommen.

Maria Leipelt musste das Gymnasium vorzeitig verlassen. Um überhaupt eine Ausbildung zu erhalten, besuchte sie eine private Sprachschule und arbeitete anschließend als Kontoristin und Stenotypistin. Über ihren Bruder kam sie schließlich zum Widerstand. Vier Jahre älter als sie, hatte er noch Abitur machen können und studierte damals in München Chemie, wo er mit Glück im Institut des Chemieprofessors und NS-Gegners Heinrich Wieland als „wissenschaftlicher Gast" untergekommen war. Denn an einer Hochschule wurde Hans Leipelt als „jüdischer Mischling ersten Grades" offiziell schon lange nicht mehr zugelassen. Er fand Verbindung zur „Weißen Rose" um Hans und Sophie Scholl. Zu Ostern 1943 brachte er deren letztes Flugblatt mit nach Hamburg, welches sie am 18. Februar 1943 in der Münchner Universität verteilt und nur vier Tage später dafür mit ihrem Leben bezahlt hatten.

Die Hamburger „Weiße Rose", zu der vor allem junge Studierende gehörten, setzte den Kampf der Münchner Widerstandsgruppe fort. Hans Leipelts Freundin und Kommilitonin Marie-Luise Jahn (1918–2010), die wegen ihrer Mitwirkung im Widerstand später zu zwölf Jahren Zuchthaus verurteilt wurde, schrieb rückblickend: „Wir besaßen das Flugblatt, aber die, die es geschrieben hatten, waren von den Nazis hingerichtet worden. Wer sollte jetzt den Menschen die Augen öffnen? Wer sollte jetzt die Wahrheit sagen über das verbrecherische Regime? Die, die es gewagt hatten, waren nicht mehr am Leben. Aber wir hatten das Flugblatt. Was sollten wir tun? Wir wussten es. Ganz spontan entschlossen wir uns: Wir müssen weitermachen. An die Gefahr dachten wir nicht." Mit dem Zusatz „Und ihr Geist lebt trotzdem weiter" schrieb Maria Leipelt das Flugblatt gemeinsam mit ihrer Freundin Ilse Ledien (geb. 1926), die wie sie als „Halbjüdin" galt, mit zahlreichen Durchschlägen ab. Marias Bruder, der Ethnologie-Student Heinz Kucharski und Albert Suhr, der Medizin studierte und Kontakt zu einer oppositionellen Ärztegruppe im Universitätskrankenhaus Hamburg-Eppendorf besaß, verteilten es schließlich. In der Abschrift baten die jungen Menschen gleichzeitig um eine Spende für Clara Huber. Ihr Mann, der bei den oppositionellen Studierenden so beliebte Münchner Philosophieprofessor Kurt Huber, der maßgeblich an der Formulierung der letzten zwei Flugschriften der „Weißen Rose" in München beteiligt gewesen war, war unmittelbar nach der Hinrichtung der Geschwister Scholl verhaftet worden. Seine Frau stand ohne die Einkünfte ihres Manns da und wusste nicht, wie sie den Lebensunterhalt für sich und ihre beiden Kinder aufbringen sollte.

Die Gestapo kam schließlich auch dem Hamburger Widerstandskreis auf die Spur. Am 8. Oktober 1943 wurde Hans Leipelt verhaftet, Maria am 9. November und einen Monat später auch ihre Mutter, die zwei Tage später im Polizeigefängnis Hamburg-Fuhlsbüttel tot aufgefunden wurde. Es wird vermutet, dass sie sich das Leben nahm, um der Deportation in das NS-Vernichtungslager Auschwitz zu entgehen. Die damals erst 18 Jahre alte Maria erlebte eine Odyssee durch verschiedene Gefängnisse. Anfang November 1944 wurde sie aus dem Polizeigefängnis Fuhlsbüttel in das Frauenzuchthaus Cottbus verlegt. Hier waren, neben zahlreichen Polinnen und sogenannten Nacht- und Nebelgefangenen, überwiegend Französinnen und Belgierinnen, auch einige kommunistische Widerstandskämpferinnen und eine Reihe weiterer Frauen des Hamburger Widerstands inhaftiert: Traute Lafrenz, Margaretha Rothe, die Buchhändlerin Hannelore Willbrandt und Erna Stahl, NS-Gegnerin der ersten Stunde und ehemalige Lehrerin an der reformpädagogischen Hamburger Lichtwarkschule, die zahlreiche Mitglieder der Hamburger „Weißen Rose" einst besucht hatten.

In Cottbus erhielt Maria Leipelt den ergreifenden Abschiedsbrief ihres Bruders, den er ihr am 29. Januar 1945, dem Tag seiner Hinrichtung, aus dem Gefängnis München-Stadelheim, geschrieben hatte. Den eigenen Tod unmittelbar vor Augen, bedauerte er sich nicht selbst, sondern versuchte seine Schwester zu trösten und ihr Mut zuzusprechen: „Liebes Schwesterchen, gerade im Moment, sozusagen, habe ich eine Karte (bzw. einen Brief) an Dich losgelassen, die ersten an die Adresse in Cottbus, die ich erst in der letzten Woche erfuhr – und heute findet meine Hinrichtung statt. Ich weiß, was Dir diese Nachricht – wenn Du sie unter den jetzigen Verkehrsumständen und bei der gegenwärtigen Kriegslage überhaupt erhältst – für großen Schmerz bereiten wird. (…) Und doch, Liebes, bleibst Du nicht allein zurück. Abgesehen davon, dass ich gute Menschen weiß, die nach dem Kriege ihr Möglichstes tun werden, Dich zu finden und Deine Existenz zu sichern, bleibst Du in der Hand Gottes zurück, in der ich Dich getrost lasse – hält er uns doch alle in seiner Hand, schützt und erhält uns, und wo er uns diesen Schutz, diese Erhaltung zu versagen scheint, muss uns doch auch das, und gerade das, zum Besten dienen. (…) Lebe wohl, mein Liebes. Nochmals empfehle ich Dich in die Hände Gottes. Ich weiß, dass wir uns wiedersehen werden. Dein Dich liebender Bruder Hans."

Im Februar 1945 wurde Maria Leipelt in das Strafgefängnis Leipzig-Kleinmeusdorf und schließlich in das Zuchthaus St. Georgen im fränkischen Bayreuth verlegt, wo sie am 14. April Kriegsende und Befreiung erlebte. Eine Woche später hätte ihr Prozess wegen „Vorbereitung zum Hochverrat, Feindbegünstigung und Wehrkraftzersetzung sowie Rundfunkverbrechen" beginnen sollen. Sie emigrierte in die USA, studierte dort Biochemie und heiratete den Physiker William Bade. Viele ihrer Hamburger Verbündeten, wie Elisabeth Lange (1900–1944) und Margarete Mrosek (1902–1945), einstige Freundinnen ihrer Familie, hatten Verfolgung und Haft nicht überlebt.

MARIA GRÄFIN VON MALTZAN

Tierärztin
*1909 Militsch/Schlesien (heute Milicz/Polen);
†1997 Berlin

„Schlage die Trommel und fürchte dich nicht." Diese Zeile aus
Heinrich Heines Gedicht „Doktrin" wählte Maria Gräfin von Maltzan als Titel für ihre 1986 veröffentlichten Erinnerungen. Sie war
zugleich die Devise ihres furchtlosen und ungewöhnlichen Lebens,
das Regisseur Anthony Page 1984 in seinem Spielfilm „Forbidden"
(deutscher Titel „Versteckt") mit Jacqueline Bisset und Jürgen
Prochnow in den Hauptrollen verfilmte.

Maria von Maltzan war eine Nazigegnerin der ersten Stunde.
Im Gegensatz zur Mehrheit der Deutschen hatte sie Hitlers politisches Manifest „Mein Kampf", wie sie sagte, „sehr genau" gelesen.
„Dieses ganze Buch entsetzte mich von A bis Z" und ließ ihr „keinen Zweifel an Hitlers Zielen und weiterem Weg". In ihre Widerstandstätigkeit sei sie dann „irgendwie hineingeraten", bekannte
sie 1983 in einem Interview mit der Journalistin Gerda Szepansky.

Maltzan schreckte scheinbar vor nichts zurück, um NS-Ver-
folgten zu helfen. Etwa 60 Menschen soll sie im Lauf der Jahre
gerettet haben. Erik Myrgren, damals Pfarrer bei der schwedischen Kirchengemeinde in Berlin, an deren Rettungsaktionen
sie beteiligt war, nannte sie die „Löwin von Berlin": „Sie war
sehr temperamentvoll, machte Judo, schwamm und ritt wie ein
Mann. Wenn es nötig war, konnte sie auch mit einer Pistole umgehen." Maltzan arbeitete auch mit anderen Helferorganisatio-
nen zusammen und hatte Kontakte zu oppositionellen Gruppen
wie dem Kreis um Johanna Solf, gehörte jedoch nie fest zu einem
Widerstandskreis. „(…) ich habe allen Menschen ohne Rücksicht

auf Rang und Würden geholfen (...), ob das Kommunisten oder Sozialdemokraten waren, das war mir egal".

Komtess Maria Helene Françoise Izabel von Maltzan Freiin zu Wartenberg und Penzlin war als jüngstes von sieben Kindern mit allen Privilegien einer vermögenden Adelsfamilie aufgewachsen. Ihre Kindheit verbrachte sie auf Schloss Militsch in Schlesien, zu dem 48.000 Morgen Landbesitz, Güter und Wälder, Karpfenteiche und ein Gestüt gehörten, was ihre lebenslange Natur- und Tierliebe prägte. Zugleich lernte sie, sich in der großen Welt zu bewegen, denn ihr Elternhaus „war ein internationales Haus". Sie war ein „sehr lebhaftes" und „kein sehr braves Kind", wie sie in ihren Erinnerungen schreibt. Gegen ihre Mutter, eine geborene Gräfin von der Schulenburg, setzte sie durch, dass sie Abitur machen durfte. Ihr geliebter Vater war bereits gestorben, als sie zwölf war. Sie studierte Zoologie, Botanik und Anthropologie in Breslau und München, wo sie bereits Kontakt zum katholischen Widerstand um den Jesuitenpater Friedrich Muckermann hatte, für den sie verschlüsselte Nachrichten ins Ausland schmuggelte.

1936 ging sie eine kurze Ehe mit dem Kabarettisten Walter Hillbring ein, mit dem sie nach Berlin zog, weil ihnen München zu „braun" geworden war. Hier unterstützte Maltzan, die inzwischen Tiermedizin studierte, den in der „Roten Kapelle" engagierten Orientalisten Philipp Schaeffer, für den sie regimekritische Flugblätter weitergab. Mehrfach beteiligte sich Maltzan auch an hochriskanten Rettungsmaßnahmen, darunter die von der schwedischen Gemeinde in Berlin initiierte „Aktion Schwedenmöbel", bei der 20 NS-Verfolgte in Möbelkisten versteckt per Zug nach Schweden gebracht werden sollten. Sie führte damals einige Frauen und Männer ohne Zwischenfälle durch einen Wald zum vereinbarten Treffpunkt, musste sich auf dem Rückweg jedoch selbst einen Tag und zwei Nächte lang vor patrouillierenden SS-Leuten auf einem Baum verstecken. Ein anderes Mal durchschwamm sie mit einer

Jüdin erfolgreich den Bodensee, um sie an das sichere Schweizer Ufer zu bringen, geriet aber anschließend in die Scheinwerferkegel der Grenzpolizei. Große Strecken tauchend schaffte es Maltzan, von den Wachen unbemerkt schließlich wieder an die deutsche Seite zu gelangen.

In ihrer Berliner Ladenwohnung, Detmolder Straße 11 im Stadtteil Wilmersdorf, bot sie untergetauchten Juden, die auf gefälschte Papiere warteten, immer wieder Unterschlupf. „Wie es so ist, dann kam der und dann kam jener. Und dann war ich so ein Übernachtungsloch. Es kamen abends Leute, sagten: Können wir zwei Tage hier übernachten. Dann blieben die da." Ihren späteren Ehemann, den jüdischen Schriftsteller Hans Hirschel (1900–1975), versteckte sie jahrelang bei sich zu Hause, um ihn vor der Deportation in ein Vernichtungslager zu bewahren. Um seine Spur zu verwischen, hatte sie ihn einen „Selbstmordbrief" an seine Mutter schreiben lassen, die kurze Zeit später in das KZ Theresienstadt deportiert wurde. Als sie 1941 ein Kind von Hirschel bekam, gab sie als Vater ihren schwedischen Freund Eric Svensson an, um keinen Verdacht zu wecken. Das Kind war eine Frühgeburt und starb im Brutkasten, als während eines Bombenangriffs der Strom ausfiel.

Ihre Hilfsbereitschaft stellte Maltzan immer wieder vor kaum zu bewältigende Schwierigkeiten. Die Versteckten mussten mit Lebensmitteln versorgt werden. Immer bestand die Gefahr entdeckt zu werden. Die Menschen, die sich in ihrer Wohnung befanden, „konnten ja nicht mal auf'n Klo gehen und ziehen, die mussten ja ganz sanft 'nen Eimer Wasser nachgießen, damit's nicht die andern Wohnungen hörten, dass da Leute waren." Sie selbst arbeitete damals als Vertretung in Tierarztpraxen und beim Tierschutzverein und war meist 13 Stunden außer Haus. Zudem wurde sie fast rund um die Uhr durch die Gestapo observiert, schon mehrfach war sie verhört worden. Sobald es an der Tür klingelte, musste sich Hirschel in einer präparierten Couch verstecken. In ihr befanden sich

Wasser und Codein – ein Wirkstoff gegen Husten. „Zum Schluß", beschrieb Maltzan rückblickend eine mehrstündige Hausdurchsuchung der Gestapo, „saßen wir auf der Couch, in der Hans Hirschel die ganze Zeit lag." Als die Gestapo-Beamten die Polster aufreißen wollten, verlangte sie mit kalter Verzweiflung, ihr anschließend den Bezugsstoff zu ersetzen – während des Kriegs praktisch eine Unmöglichkeit. Das Sofa blieb daraufhin unberührt.

Wie andere Weggefährtinnen im „Dritten Reich" sprach sie später nicht viel über die Vergangenheit und ihren Widerstand gegen das Naziregime. Stattdessen kamen viele Menschen zu ihr, die sie in den jeweiligen Entnazifizierungsverfahren entlasten sollte. Ihr privates Leben blieb auch jetzt unruhig und wechselvoll. Ihre Ehe mit Hirschel, den sie gleich nach Kriegsende geheiratet hatte, scheiterte schon nach kurzer Zeit. Das Paar ließ sich scheiden. 1972, drei Jahre vor Hirschels Tod, heirateten sie ein zweites Mal.

Ihre Veterinärpraxis in Berlin-Charlottenburg musste Maltzan wegen langwieriger Entziehungskuren schließen. Den ständigen, nervenaufreibenden Druck während der NS-Zeit hatte sie auf Dauer nur mit der Einnahme von Psychopharmaka aushalten können. Nach ihrer Genesung zog sie mit einem Zirkus umher und arbeitete als Urlaubsvertretung in verschiedenen Tierarztpraxen in Deutschland und in der Schweiz. Mit Mitte sechzig eröffnete sie nochmals eine Praxis, dieses Mal in Berlin-Kreuzberg, wo sie besonders unter Punks beliebt war, deren Tiere sie kostenlos behandelte. „Ich habe mich keine Minute gelangweilt." Mit diesem lakonischen Satz beendete Maria von Maltzan ihre Autobiografie.

Maria Gräfin von Maltzan

MAIMI BARONESSE VON MIRBACH
Cellistin, Musiklehrerin
*1899 Antwerpen; †1984 Berlin

Auch wenn sie weit weniger bekannt ist als Hannah Gräfin von Bredow und Maria Gräfin von Maltzan, gehörte Maria Celina Gabrielle Antoinette Baronesse von Mirbach, genannt Maimi, zu den unerschrockenen NS-Oppositionellen und Widerstandskämpferinnen aus Berlin-Potsdamer Adelskreisen. Sie war mit einer jüngeren Schwester in einer wohlhabenden, musisch interessierten Kaufmannsfamilie wohlbehütet im belgischen Antwerpen aufgewachsen, bis die von Mirbachs Belgien zu Beginn des Ersten Weltkriegs 1914 verlassen mussten und die preußische Garnisonstadt Potsdam, in der ihr Onkel Ernst Freiherr von Mirbach als Oberhofmeister der letzten deutschen Kaiserin Auguste Viktoria lebte, ihre neue Heimat wurde. Der Vater Wilhelm Freiherr von Mirbach starb bereits ein Vierteljahr nach der Ankunft in Potsdam und die Mutter mietete Ende 1915 für sich und ihre beiden Töchter die Villa Alleestraße 10 nahe dem Neuen Garten, in der Maimi, auch nach dem Tod von Mutter und Schwester, bis 1953 wohnen blieb. Sie wurde Cellistin und gab Musikunterricht.

Ungeachtet ihrer privilegierten Herkunft war Maimi von Mirbach ein zupackender, bodenständiger Mensch, der sich den Herausforderungen des Lebens mit „moralischem Mut, Selbstlosigkeit und Wahrheitstreue" stellte, wie ein langjähriger Freund ihr später bescheinigte. Als ihre Schwester und deren Mann 1937 tödlich verunglückten, nahm sie deren drei Kinder bei sich auf und sorgte für sie. Die Not anderer verlor sie dabei nicht aus den Augen. Von Anfang an eine erbitterte Warnerin vor dem Nationalsozialismus und seinem mörderischen Antisemitismus, besaß sie Kontakt zur oppositionellen „Bekennenden Kirche" und half selbstlos vielen jüdischen Mitmenschen. Sie transferierte Wertsachen für sie ins Ausland, gab Geld und schickte sogar Lebensmittelpakete ins KZ Theresienstadt. Obwohl sie sich damit selbst in Gefahr brachte, versteckte sie Verfolgte auch in ihrer eigenen Potsdamer Villa, unter ihnen die junge „halbjüdische" Pianistin Gisela Brendel und deren Verlobten und späteren Ehemann, den Geiger Hubertus Distler. Beide überlebten auf diese Weise die Nazidiktatur und machten nach Kriegsende als Musiker Karriere.

Dem Juristen und Richter am Potsdamer Landgericht Fritz Hirschfeld, ein jüdischstämmiger Katholik, mit dem sie früher in einem Streichquartett musiziert hatte, ermöglichte von Mirbach 1939 die Flucht in die Niederlande, indem sie ihm sein Haus am Potsdamer Griebnitzsee abkaufte. Anders hätte er die hohe Reichsfluchtsteuer, die das NS-Regime der jüdischen Bevölkerung vor ihrer Emigration abpresste, nicht aufbringen können. Seine „arische" Frau Grete, die infolge einer schweren Krebserkrankung nicht in der Lage gewesen war, mit ihm zu fliehen, blieb bis zu ihrem Tod im April 1941 kostenlos im Haus wohnen. Hirschfeld, der von den Niederlanden aus seine Emigration nach Brasilien geplant hatte, wurde 1944 in das NS-Vernichtungslager Auschwitz verschleppt, wo sich seine Spur verliert. Ein ähnliches Schicksal erlitt von Mirbachs Verlobter, der Jurist Julius Lazarus, der ebenfalls in die Niederlande emigriert war. Von dort aus wurde auch er nach Auschwitz deportiert und ermordet.

Da sie im damals sowjetisch besetzten Potsdam als Adlige unerwünscht war, zog von Mirbach in der Nachkriegszeit nach West-Berlin. Ohne für ihr mutiges Handeln während des „Dritten Reichs" angemessen gewürdigt zu werden, lebte sie dort weitgehend unbeachtet und in bescheidenen Verhältnissen als Musiklehrerin. Die israelische Holocaust-Gedenkstätte Yad Vashem ehrte sie zwei Jahre vor ihrem Tod als „Gerechte unter den Völkern".

FREYA GRÄFIN VON MOLTKE

geb. Deichmann
Juristin, Ehefrau des Widerstandskämpfers Helmuth
James Graf von Moltke
*1911 Köln; †2010 Norwich (Vermont/USA)

„Ich verlasse Dich nicht, denn meine Gefühle und alles, was lieben
kann in mir, gehört ja Dir", schrieb Freya von Moltke ihrem Mann
vor seiner Hinrichtung ins Gefängnis.

Im Sommer 1929 hatte die 19-jährige Kölner Bankierstochter
Freya Deichmann den smarten Helmuth James Graf von Moltke
kennengelernt – vier Jahre älter als sie, Nachfahre des berühmten
Generalfeldmarschalls Helmuth Graf von Moltke, Jurist, Landadli-
ger mit christlich-humanistischen Ansichten, intellektuell und politisch interessiert. Nach ihrer Hochzeit im Oktober 1931 lag eine
unbeschwerte Zukunft vor ihr, bis die Nazidiktatur und die Widerstandsarbeit ihres Manns ihr Leben zu bestimmen begannen.

Auf dem Gut der Familie von Moltke im schlesischen Kreisau
(heute Krzyżowa / Polen), das später namensgebend für den NS-
oppositionellen „Kreisauer Kreis" wurde, fand Freya von Moltke, schon allein durch die vielen internationalen Englischschüler
ihrer aus Südafrika stammenden Schwiegermutter Dorothy, eine
weltoffene Atmosphäre. Und Freya liebte das Landleben: „Das
Wachsen, Blühen, zur-Ernte-Kommen zu beobachten! Jahrein,
jahraus, mit Helmuth allein stundenlang ‚über die Felder' zu gehen, das sind die glücklichsten Erinnerungen meines Kreisauer
Lebens." Kreisau produzierte Lebensmittel, immer erwünscht
und später „kriegswichtig". Dabei lag das Gut „so abseits (…),
daß bis dorthin alles nur in gemilderter Form drang; kurz Kreisau
machte uns unabhängiger, als viele andere prinzipielle Gegner

des Naziregimes es waren, und Helmuth war sich dessen immer bewußt", schreibt sie rückblickend.

Später übernahm Freya von Moltke, die zwar Jura studiert und sogar promoviert hatte, jedoch nicht in ihrem Beruf arbeitete, die Aufsicht über das mit 486 Hektar Land und etwa 60 Beschäftigten zwar große, aber stark verschuldete Gut und kümmerte sich um „die Kontrolle der Finanzen, der Fruchtplanung, aber auch die laufende Verfolgung der Arbeitsvorgänge und der Erträge". „Selbständige Entscheidungen" habe sie allerdings im Gutsbetrieb nie getroffen. „Dazu fehlten mir die Ausbildung und Erfahrung." Ihr Mann hielt sich oft in Berlin auf, wo er als Rechtsanwalt und Sachverständiger für Kriegs- und Völkerrecht im Amt Ausland / Abwehr des Oberkommandos der Wehrmacht tätig war, eine Position, die er nutzte, um Verfolgten des Naziregimes zu helfen. Häufig kam er hier auch mit anderen NS-Gegnern, wie den Juristen Adam von Trott zu Solz und Peter Yorck von Wartenburg zusammen, die zwar keine Pläne für einen Staatsstreich entwickelten, aber über Konzepte für eine demokratische Zukunft Deutschlands nach dem Ende der Hitlerdiktatur diskutierten, das als föderalistischer Staat mit einem christlich geprägten Menschenbild wieder aufgebaut werden sollte. Seine Dienstreisen ins Ausland nutzte er, um Kontakte zum Widerstand in den besetzten Ländern Norwegen, Dänemark und den Niederlanden zu knüpfen und darüber hinaus Verbindung zu den Alliierten herzustellen.

Nur insgesamt drei Mal, an je einem Wochenende im Mai und Oktober 1942 sowie im Juni 1943 trafen sich Moltkes verbündete Freunde auf Gut Kreisau. Die drei Treffen, zu denen Regimegegner verschiedenster Couleur – Militärs, Politiker, Gewerkschaftler, Juristen und Theologen – zusammenfanden, wurden als private Einladungen zu einem unbeschwerten Wochenende auf dem Land getarnt. Freya von Moltke sagte rückblickend: „Also wir hatten immer Besuch, und das waren die Menschen gewöhnt, und

　　　　　　　　　　　　　　Freya Gräfin von Moltke

da sagten wir, dann können wir riskieren, eine größere Gruppe zusammenzubringen, damit die sich im größeren Kreise einigen können. Sonst in Berlin, wo die Hauptarbeit stattgefunden hat, da waren es immer nur zwei, drei, vier." Dabei waren die Kreisauer Treffen alles andere als ein lockerer Meinungsaustausch, sie wurden sorgfältig vorbereitet. Jeder der Teilnehmer hatte zuvor einen Vortrag über ein Thema aus seinem Fachgebiet ausgearbeitet. Freya von Moltke war, ganz der damaligen Frauenrolle entsprechend, in erster Linie für die Bewirtung der Gäste zuständig: „Und dann wollten die Leute auch essen, denn wir waren zwar sparsam mit dem Essen, aber wir hatten doch alles immer noch im Krieg." Wie die anderen Ehefrauen der Regimegegner, unter ihnen ihre Freundin Marion Yorck von Wartenburg, war sie bei den Gesprächen und Vorträgen zwar stets anwesend, hörte aber nur zu. Die Protokolle der Tagungen versteckte sie später in den Dachsparren des Gutshauses.

Am 19. Januar 1944 wurde Helmuth James von Moltke verhaftet. Er saß im KZ Ravensbrück und später im Gefängnis Berlin-Tegel – bis er ein Jahr später, am 23. Januar 1945, in der NS-Hinrichtungsstätte Berlin-Plötzensee, des „Hochverrats" bezichtigt, an einem auf ausdrücklichen Befehl Hitlers eigens angebrachten Fleischerhaken gehängt wurde. Neben seiner Hilfe für Verfolgte hatte man ihm die Mitwisserschaft am gescheiterten Hitler-Attentat vom 20. Juli 1944 angelastet, das er aus christlichen Gründen gar nicht befürwortet hatte. Der NS-Volksgerichtshof höhnte nur: „Vom Defätismus völlig zerfressen, dabei ein ungewöhnliches Charakterschwein. Niederdrückend nur, daß er Graf Helmuth von Moltke hieß." Freyas Gnadengesuch an Heinrich Himmler war abgelehnt worden. Wie durch ein Wunder war sie selbst nicht verhaftet worden.

Zeit, um ihren Mann zu trauern, blieb ihr anfangs kaum. Sie musste ihre zwei kleinen Söhne Helmuth Caspar (geb. 1937) und

Konrad (1941–2005) sowie die vielen Familien versorgen, die auf Gut Kreisau inzwischen Schutz vor den Luftangriffen suchten. Nach Kriegsende gelangte Freya von Moltke, die die Sowjets damals zur Bürgermeisterin von Kreisau hatten machen wollen, mithilfe der britischen Botschaft in Warschau mit ihren Kindern nach Berlin. Hier kam sie zunächst bei Marion Yorck und Margarete und Carl Dietrich von Trotha, ihren Freunden aus dem „Kreisauer Kreis", unter. Zwischen 1947 und 1956 lebte sie in Südafrika, der Heimat ihrer verstorbenen Schwiegermutter. Zunächst nach Deutschland zurückgekehrt, ging sie 1960 als Lebensgefährtin des 1933 aus Deutschland emigrierten und verwitweten Juristen, Historikers und Kulturphilosophen Eugen Rosenstock-Huessy, einem einstigen Lehrer ihres Manns, nach Norwich in Vermont/USA. Hier lebte sie bis zu ihrem Tod.

Erst Jahrzehnte nach Ende der NS-Herrschaft begann sie, die mit ihrem Mann verbrachte Zeit aufzuarbeiten, den sie zwar nach nur 14-jähriger Ehe verloren, aber immer im Herzen behalten hatte. Unter dem Titel „Briefe an Freya 1939–1945" erschien ein Teil der 1600 Briefe, die sie von ihm erhalten hatte, 1988 in Buchform. Sie hatte sie nach seiner Verhaftung in den Bienenstöcken des Kreisauer Guts versteckt. Es folgten „Helmuth James und Freya von Moltke: Abschiedsbriefe Gefängnis Tegel September 1944–Januar 1945", die der damals als Gefängnispfarrer tätige Harald Poelchau als „Bote des Himmels" ins Gefängnis hinein bzw. hinausschmuggelt hatte. In ihren „Erinnerungen an Kreisau 1930–1945" berichtet sie schließlich über das einstige Leben auf dem Gut und die drei Treffen des Widerstandskreises, die dort stattgefunden hatten. Kreisau, seit Kriegsende polnisches Staatsgut, wurde 1990 unter ihrer Mitarbeit als internationale Denk- und Begegnungsstätte Kreisau für europäische Verständigung eingerichtet.

KÄTHE NIEDERKIRCHNER

Schneiderin
*1909 Berlin; †1944 KZ Ravensbrück

Käthe (auch Käte oder Katja) Niederkirchner gehört neben Judith
Auer, Hilde Coppi, Liselotte Hermann oder Hildegard Jadamowitz zu den jungen Kommunistinnen, die sich mutig und selbstlos
im Widerstand gegen das NS-Regime engagierten und dafür mit
ihrem Leben bezahlten. Als vorbildliche „antifaschistische Kämp-
ferin" wurde die „Katja aus der Pappelallee" in der DDR einst zur
Vorzeigeheldin stilisiert. Heutzutage fehlt ihr Name oft in den
Nachschlagewerken über den Widerstand gegen den Nationalsozialismus.

Niederkirchner war im typischen, linken Berliner Arbeitermilieu ihrer Zeit aufgewachsen: Mietskaserne, Hinterhaus, be-
engte Wohnverhältnisse, knappe finanzielle Verhältnisse, aber
klare politische Überzeugungen und Ideale. Der Vater Michael
war Rohrleger, Gewerkschaftsfunktionär und strammer Kommunist, der auch seine Kinder zu Klassenkämpfern erzog. „Katja" war von früh an in KPD-Jugendorganisationen aktiv und
besuchte auch während ihrer Schneiderinnenlehre Parteischu-
lungen. Für ihren Beruf hatte sie nie viel übrig, aber ihr Vater
hatte Wert darauf gelegt, dass jedes seiner vier Kinder ein Hand-
werk beherrscht.

Die Niederkirchners waren ungarische Staatsangehörige. Ihre
Anträge auf Einbürgerung waren regelmäßig abgewiesen worden, der Ausweisungsbefehl war schon mehrfach ergangen. Käthe Niederkirchner wurde im Herbst 1932 während einer Rede
vor einer Frauenversammlung anlässlich eines Streiks von Angestellten der Berliner Verkehrsbetriebe verhaftet und ausgewiesen,

ebenso wie 1934 auch ihr Vater, der zuvor bereits in mehreren deutschen Konzentrationslagern inhaftiert gewesen war. Die Familie kehrte nicht in das faschistische Ungarn zurück, sondern ging in die kommunistische Sowjetunion – das vermeintliche Land ihrer Träume, in dem allerdings Käthes älterer Bruder Paul im „Großen Terror" Stalins, dem damals Hunderttausende unschuldiger Menschen zum Opfer fielen, 1938 als angeblicher Spion vom sowjetischen Geheimdienst verhaftet und kurz darauf im Gefängnis erschossen wurde.

Käthe Niederkirchner lebte mit ihrer Familie in Moskau, 1941 heiratete sie den späteren DDR-Politiker Heinz Wieland, der in den 1930er Jahren bei den Internationalen Brigaden in Spanien gegen den faschistischen Diktator Franco gekämpft hatte. Inzwischen arbeitete sie für Radio Moskau. In deutschsprachigen Sendungen appellierte sie an ihre Landsleute: „Wie oft hast Du Dir schon die Frage gestellt: Wann und wie wird der Krieg beendet werden? (...) Stürzt Hitler und sein faschistisches System! Erst dann wird Deutschland wieder Deutschland sein!" Nach dem Angriff der deutschen Wehrmacht auf die Sowjetunion im Sommer 1941 ließ sie sich als Fallschirmspringerin ausbilden, aber erst im Herbst 1943 erhielt sie den Auftrag, sich als Agentin der Roten Armee nach Deutschland einzuschleusen, um dort im Untergrund agierende kommunistische Widerstandszellen im Kampf gegen die Nazidiktatur zu unterstützen.

Ihr weiteres Schicksal verlief tragisch: Gemeinsam mit Theodor Winter, dem Schwiegersohn des späteren ersten Staatspräsidenten der DDR Wilhelm Pieck, landete sie Anfang Oktober 1943 zwar unentdeckt auf polnischem Gebiet nahe der deutschen Grenze, wurde aber schon während der Zugfahrt nach Berlin bei einer Passkontrolle verhaftet: Ihre Papiere, die auf den Tarnnamen Käte Becker ausgestellt waren, waren schlecht gemacht, ein Stempel fehlte.

Käthe Niederkirchner

Sie saß fast ein Jahr in Haft, wurde schwer gefoltert und in der Nacht auf den 28. September 1944 knapp 35-jährig im KZ Ravensbrück erschossen. „Meinem lieben, teuren Vater", bat sie kurz vor ihrem Tod, „müßt ihr sagen, daß ich ihm keine Schande gemacht habe. Ich habe niemanden verraten."

MARGARETHE VON OVEN

verh. von Hardenberg
Sekretärin
*1904 Berlin; †1991 Göttingen

Oberst Claus Schenk Graf von Stauffenberg, der am 20. Juli 1944 im ostpreußischen Führerhauptquartier Wolfsschanze das missglückte Attentat auf Hitler verübte, gilt heute als Symbolfigur des militärischen Widerstands gegen die Nazidiktatur. Auch die Offiziere Ludwig Beck, Friedrich Olbricht oder Henning von Tresckow, die mit ihm damals den Staatsstreichplan „Walküre" ausgearbeitet hatten, gehören zu den bekannten Persönlichkeiten aus dem Kreis der oppositionellen Militärs. Wer jedoch erinnert sich noch an Margarethe von Oven, die einzige Frau, die voll und ganz in die Vorgänge und ihre geheimen Pläne eingeweiht war?

Während sie im Sommer 1943 im Kurort St. Blasien im Schwarzwald eine Lungentuberkulose auskurierte, erreichte sie die Bitte Oberst von Tresckows, als Sekretärin für das Nachkommando der Heeresgruppe Mitte zu ihm nach Berlin zu kommen. Er kannte sie gut, denn von Oven war seit Schulzeiten eng mit seiner Frau Erika, einer Tochter des einstigen preußischen Kriegsministers Erich von Falkenhayn, befreundet. Von Oven war sofort klar, worauf sie sich einließ. Sie wusste um die Gefahr, in die sie sich begab, denn Tresckow hatte ihr nicht verheimlicht, dass er zum engen Kreis der Hitler-Verschwörer um Stauffenberg gehörte. „Ich habe mich innerlich gesträubt, ich hatte Angst, Hundejungen-Angst", gestand sie später. „Ich habe zum Himmel gebetet, dass ich mir die Hand breche, damit ich mit Anstand aus der Sache rauskomme. Ich will das gar nicht beschönigen." Ihr war auch bewusst, dass sie, wie alle an den Vorbereitungen der Staatsstreichpläne Beteiligten, mit ihrem belastenden Wissen allein sein würde. Nicht einmal mit ihrer Mutter, mit der sie damals in Berlin eine Wohnung teilte, durfte sie darüber sprechen.

Auch von Tresckow wusste damals genau, wen er sich ausgesucht hatte: Margarethe von Oven, unverheiratet und kinderlos, hatte sich jederzeit als zuverlässig, verschwiegen und mutig erwiesen. Außerdem besaß sie mehr Lebens- und Berufserfahrung als andere Frauen ihrer Generation und Herkunft. Da ihr Vater, der preußische Offizier Ludolf von Oven, zu Beginn des Ersten Weltkriegs gefallen war, hatte sie die Sorgen und Nöte des Lebens schon früh erfahren. Ihre Mutter konnte mit den Kindern von der knappen staatlichen Hinterbliebenenrente kaum leben. Sie waren gezwungen gewesen, aus der großzügigen Dienstwohnung am Berliner Lützowufer in eine bescheidene Wohnung in der Nürnberger Straße umzuziehen, und von Oven musste schon früh zum Familienunterhalt beitragen. Bereits mit 16 Jahren hatte sie als Schreibkraft, u. a. beim Mitteleuropäischen Motorwagenverein, gearbeitet. 1925 wurde sie Sekretärin im Reichswehrministerium, das die junge Frau 1928 unter falschem Namen für ein halbes Jahr nach Moskau schickte. Unter Umgehung des Versailler Vertrags führte die deutsche Reichswehr in der Sowjetunion damals heimlich Truppenübungen durch. Von Ovens Stelle erforderte daher absolutes Stillschweigen und war damit eine gute Vorbereitung für ihre spätere konspirative Mitarbeit im NS-Widerstand.

Nach ihrer Rückkehr arbeitete sie im Büro von General Kurt Freiherr von Hammerstein-Equord, ein früher NS-Gegner und Vater der oppositionellen Schwestern Marie Luise, Maria Therese und Helga von Hammerstein. Anfang 1933 hatte er vergeblich versucht, Hitlers Ernennung zum Reichskanzler im letzten Augenblick noch zu verhindern. In dieser Zeit entstand von Ovens Interesse an Politik. Nach Hammersteins Verabschiedung wurde sie Sekretärin seines Nachfolgers Generaloberst Werner Freiherr von

Fritsch. Zu beiden Arbeitgebern bestand ein absolutes Vertrauensverhältnis. Sie überließen ihr unerlaubterweise sogar „Geheime Kommandosachen" zur Abschrift auf der Schreibmaschine. Um zu verschleiern, dass sie und nicht ihre Chefs die Schriftstücke tippte, fügte sie absichtlich kleine Schreibfehler ein.

Als Fritsch 1938 wegen angeblicher Homosexualität suspendiert wurde, trat von Oven eine Stelle beim deutschen Militärattaché in Budapest, später in Lissabon an. Für von Tresckow arbeitete sie schließlich in einer Poststelle des Nachkommandos der Heeresgruppe Mitte in der Berliner Kaiserallee (heute Bundesallee) und war für die Zusendung benötigter Waren und privater Mitteilungen an Frontsoldaten verantwortlich. Hier kamen ihr ihre langjährigen Einblicke in verschiedene Militärabteilungen und ihre Erfahrungen mit Offizieren zugute. „Vor dem Chef stehen sie stramm", sagte sie später zu ihrer Freundin Gundalena von Weizsäcker, „bei mir lassen sie sich gehen." Ihre Tätigkeit in der Poststelle der Wehrmacht war natürlich reine Tarnung. Ihre eigentliche Aufgabe war brisant und gefährlich. Regelmäßig traf sie Tresckow und Stauffenberg zu konspirativen Besprechungen – aus Sicherheitsgründen oft mitten im Berliner Grunewald. Stets mit Handschuhen, um keine Fingerabdrücke zu hinterlassen, tippte sie, zum Teil gemeinsam mit Erika von Tresckow (1904–1974) und Ehrengard Gräfin von der Schulenburg, auf der Schreibmaschine die immer wieder überarbeiteten Entwürfe zur Operation „Walküre" ab, die unmittelbar nach dem erfolgreichen Attentat auf Hitler beginnen sollte: der Einsatz des Ersatzheeres, die Verhaftung der hohen NS-Parteifunktionäre, die Bildung einer Übergangsregierung und die Friedensverhandlungen mit den Alliierten.

Das Vorhaben endete tragisch. Nach dem Scheitern des Hitler-Attentats am 20. Juli 1944 wurde Stauffenberg noch in derselben Nacht erschossen, die Mitverschwörer in den nächsten Monaten verhaftet und hingerichtet. Ihr Chef und enger Vertrauter Henning von Tresckow hatte sich bereits einen Tag darauf an der Ostfront mit einer Handgranate in die Luft gesprengt. Um seine Familie vor den Repressalien der Nazidiktatur zu bewahren, hatte er damit den Eindruck vortäuschen wollen, bei einem Partisanenangriff ums Leben gekommen zu sein. Margarethe von Oven war es, die ihrer Freundin Erika von Tresckow die Todesnachricht überbrachte. Oven selbst wurde zwar verhaftet und verhört, jedoch nach kurzer Zeit wieder entlassen. Vorsorglich hatte sie Tresckows Rat befolgt: „Lege in deinen Schreibtisch so viel Liebesbriefe, wie du auftreiben kannst, denn die Leute von der Gestapo interessieren sich für nichts so sehr wie für das Privatleben."

Sie überlebte das Naziregime schließlich in Freiheit. Nach Ende des Zweiten Weltkriegs arbeitete sie als Arzthelferin und Haushälterin, bis sie 1954 von Carl-Hans Graf von Hardenberg, einem NS-Gegner, der seine Inhaftierung im KZ Sachsenhausen überlebt hatte, eingestellt wurde und im Jahr darauf dessen jüngeren Bruder, den Forstmeister Wilfried von Hardenberg (1900–1973), heiratete. Wie Nina Schenk Gräfin von Stauffenberg und andere Frauen aus dem Umkreis des „20. Juli 1944" schwieg sie lange Zeit über ihre Rolle im NS-Widerstand. Erst 1989, mehr als 40 Jahre nach dem Ende des „Dritten Reichs", sprach sie in einem Interview mit der Autorin Dorothee von Meding erstmals öffentlich über die aufreibenden Ereignisse von damals: „Für viele, die den Weg in den Widerstand nicht gefunden haben, habe ich allerdings sehr großes Verständnis, denn hätte man selber den Weg gefunden, wenn man nicht das Glück gehabt hätte, mit besonderen Menschen wie Hammerstein und Tresckow und einigen anderen befreundet zu sein?"

ELFRIEDE PAUL
Ärztin
*1900 Köln; †1981 Ahrenshoop (Mecklenburg-
Vorpommern)

Von Anfang an war die überzeugte Kommunistin Elfriede Paul vom
Nationalsozialismus angewidert. In ihrer Autobiografie berichtet
sie über die bedrohliche Präsenz der Nazis in Berlin, wo sie seit
1929 Medizin studierte „(...) das Geschrei aus dem Radio: Hitlers
brutales Organ, die Beschwörungen Goebbels' drangen durch alle
Wände. Sie tönten aus vielen Wohnungen, die zum Hof gelegen
waren. Die Mißklänge des Horst-Wessel-Liedes begleiteten mich
bei manchem Gang durch Berlin, und wie oft mußte ich grölenden
SA-Kolonnen ausweichen." In den Berliner Krankenhäusern, in
denen sie als Praktikantin arbeitete, herrschte allgemeine Begeisterung für den Nationalsozialismus, viele Ärzte und Pfleger trugen bereits SA- oder SS-Uniformen. Im Sommer 1933 machte sie
erstmals Bekanntschaft mit der SA, die ihr damaliges Untermiet-
zimmer nach illegalem Material durchsuchte. Durch einen Freund
gewarnt, hatte sie glücklicherweise zuvor verdächtige Unterlagen
und verbotene Literatur entfernen und den „Völkischen Beobachter" auf ihrem Schreibtisch drapieren können.

Elfriede Paul, die als Tochter eines Lithografen und einer Da-
menschneiderin bescheiden im Kölner und Hamburger Handwerkermilieu aufgewachsen war, war eine für ihre Zeit ziemlich unkonventionelle junge Frau. 1923/24 war sie allein durch
Deutschland gewandert und hatte in verschiedenen Kinderheimen
gearbeitet, bis sie 1926 ein Medizinstudium in Hamburg begann.
Trotz eines „Fleißstipendiums" hatte sie, u. a. als Erzieherin bei
wohlhabenden Familien, nebenher Geld verdienen müssen, um

ihren Lebensunterhalt finanzieren zu können. Später arbeitete sie in der Mütterberatung und als Schulärztin, bis sie in ihrer Wohnung im Hochparterre des Wohnblocks Sächsische Straße 63a im gutbürgerlichen Berliner Bezirk Wilmersdorf 1936 ihre eigene Privatpraxis eröffnete. Es gelang ihr, sich dort gut anzupassen. Die Honorare, die sie von ihren finanziell gut gestellten Patienten erhielt, sowie ihre Nebentätigkeiten als „BDM-Ärztin" ermöglichten es Paul, den gehobenen Lebensstil der Nachbarschaft zu übernehmen. Sie kleidete sich elegant und fuhr ein eigenes Auto – ein ungewohnter Luxus für die Handwerkertochter.

1937 zog Walter Küchenmeister (1897–1943) zu ihr in die Sächsische Straße – Redakteur und Schriftsteller, verheiratet, Vater dreier Söhne und wie Elfriede Paul stramm kommunistisch, wenngleich ihn die KPD Mitte der Zwanzigerjahre ausgeschlossen hatte, weil er in die Parteikasse gegriffen haben soll. Wegen seiner Mitarbeit an illegalen Partei-Zeitungen hatte er 1933 und 1934 bereits in Haft gesessen, zuletzt im KZ Sonnenburg, wo er an einer Lungentuberkulose erkrankte, die nie vollkommen ausheilte. Nach seiner Entlassung wurde er ein führendes Mitglied der weit verzweigten Widerstandsgruppe „Rote Kapelle". Während sich die Mitglieder höchstens zu gemeinsamen Ausflügen, Wanderungen, Paddelfahrten oder zum Zelten in größeren Gruppen trafen, kamen sie im privaten Umfeld nur in kleinen Kreisen zusammen. „Selbstverständlich", so Paul, „kannten wir uns (…) entsprechend den konspirativen Regeln untereinander nicht."

Einige trafen sich bald regelmäßig in Pauls Praxis, unter ihnen Harro und Libertas Schulze-Boysen, die Grafikerin Elisabeth Schumacher und deren Mann, der Bildhauer Kurt Schumacher, sowie Hans und Hilde Coppi. Manche, jedoch längst nicht alle, waren Parteigenossen. Einige von ihnen gehörten gleichzeitig zu Pauls Patienten. „(…) eine bessere Tarnung als meine Praxis", schreibt sie in ihren 1981 veröffentlichten Erinnerungen „Ein Sprechzimmer der Roten Kapelle", „gab es für uns politisch Gefährdete kaum." Der konspirative Freundeskreis verabredete sich meist nach 19 Uhr zum Tee, gelegentlich auch zum Abendessen bei ihr. Wand an Wand mit ihrem Wohnungsnachbarn NS-Reichskulturverwalter Hans Hinkel, einem der „gefährlichsten Raubtiere", planten sie ihre Aktionen und verfassten Flugblätter und Rundbriefe, wobei Küchenmeister „mit Harro und Kurt", so Paul, die Texte erdachte. „Wir klärten über die Organisation Todt auf [für Bauprojekte zuständige NS-Organisation, die Zwangsarbeiter beschäftigte], brachten die Wahrheit über die Vernichtung der Juden unter die Bevölkerung. Offen berichteten wir über die Vernichtungsmethoden in den KZs in Polen. (…) Wir wollten auch dem letzten in Deutschland die Augen öffnen." Bei ihren ärztlichen Hausbesuchen konnte Paul die Rundbriefe ab und zu unauffällig in die Briefkästen entfernterer Bezirke werfen. Darüber hinaus brachte sie für jüdische Bekannte einige Male Schmuck ins Ausland und schmuggelte Informationsmaterial an Genossen, wie den emigrierten Berliner Schauspieler und Regisseur Wolfgang Langhoff, in die Schweiz.

Nach der Enttarnung der „Roten Kapelle" wurden Paul und Küchenmeister am frühen Morgen des 16. September 1942 zu Hause verhaftet. Kurz zuvor war Libertas Schulze-Boysen bei ihnen gewesen, um von der Verhaftung ihres Manns zu berichten. „Ihr Besuch war ein Fehler", so Paul. „In ihrer Hilflosigkeit vergaß sie die einfachsten Regeln der Konspiration." Während Küchenmeister zum Tod verurteilt und am 13. Mai 1943 hingerichtet wurde und sein 16-jähriger Sohn Rainer in das Jugend-KZ Moringen kam, erhielt Paul eine sechsjährige Zuchthausstrafe. Oberstkriegsgerichtsrat Manfred Roeder hatte zunächst zwar auch für sie die Todesstrafe beantragt, da sie in ihrer Wohnung „kommunistische Versammlungen" veranstaltet habe und an der Vorbereitung von Flugblättern und oppositionellen Schriften beteiligt gewesen sei.

Elfriede Paul

Paul behauptete jedoch, ihre Aktivitäten während des Kriegs nicht fortgesetzt zu haben. Das Gegenteil konnte ihr nicht nachgewiesen werden, das Gericht hatte es eilig. „Seit dem Überfall auf die Sowjetunion gab es im ganzen damaligen Deutschen Reich ein Anwachsen der Widerstandsarbeit. Die Gestapomaschinerie lief auf Hochtouren." Paul saß im Polizeipräsidium am Alexanderplatz, anschließend im Frauengefängnis Berlin-Charlottenburg, im Gefängnis Barnimstraße, im Frauenzuchthaus Cottbus und zuletzt im Frauengefängnis Leipzig-Kleinmeusdorf, wo sie am 19. April 1945 das Kriegsende erlebte.

Die „Bilderbuchkommunistin" trat der SED bei und machte in der DDR Karriere. Sie kam in hohe Ämter im sozialmedizinischen Verwaltungswesen, u. a. zwischen 1956 und 1964 als Dozentin und Direktorin des Instituts für Sozialhygiene an der Medizinischen Akademie Magdeburg. Die Erinnerung an ihren Lebensgefährten Walter Küchenmeister und die anderen vom NS-Regime hingerichteten Freundinnen und Freunde aus dem Umkreis der „Roten Kapelle" hielt sie lebenslang, auch durch öffentliche Vorträge, lebendig. In ihrem späteren Haus im Ostseebad Ahrenshoop bewahrte Paul Skulpturen der Berliner Bildhauerin Oda Schottmüller auf – einer weiteren Weggefährtin im NS-Widerstand.

Paul war eine ebenso entschlossene wie mutige NS-Gegnerin, gegenüber der sowjetischen Diktatur scheint sie jedoch blind gewesen zu sein. In ihren Erinnerungen erwähnt sie, dass der prominente Worpsweder Künstler Heinrich Vogeler, in späteren Jahren ein überzeugter Kommunist, jahrelang in der Sowjetunion lebte. Warum verschwieg sie, dass er nach dem Überfall Hitlerdeutschlands in ein kasachisches Lager deportiert wurde, wo er 1942 auf tragische Weise ums Leben kam?

MARGARETHA ROTHE

Medizinstudentin
*1919 Hamburg; †1945 Leipzig

„Wie ihr's euch träumt, wird Deutschland nicht erwachen. / Denn ihr seid dumm und seid nicht auserwählt. / Die Zeit wird kommen, da man sich erzählt: / Mit diesen Leuten war kein Staat zu machen!" Diese unmissverständlich gegen die Nazis gerichteten Spottverse aus Erich Kästners „Marschliedchen" tippte Margaretha Rothe auf der Schreibmaschine ab, um sie in Hamburg zu verteilen.

Die Tochter eines kaufmännischen Angestellten war eine zentrale Figur der Hamburger „Weißen Rose". Ihr NS-kritisches Denken verdankte sie ihrer Lehrerin Erna Stahl, die zwar bereits strafversetzt worden war, als Rothe 1936 an die liberale Lichtwarkschule, Hamburgs legendäres Reformgymnasium, kam. Sie nahm aber an deren privaten Lese- und Diskussionsabenden teil, bei denen auch verbotene Bücher besprochen wurden. Viele einstige Schülerinnen und Schüler Stahls gehörten später zum Kreis der Hamburger „Weißen Rose", unter ihnen Traute Lafrenz und Heinz Kucharski, mit dem Rothe Zettel verteilte, auf denen die Frequenzen und Sendezeiten ausländischer Rundfunksender standen.

1939 begann sie ein Medizinstudium an der Hamburger Universität, wo sie auf oppositionelle Studierende traf, unter ihnen der Germanistikstudent Karl Ludwig Schneider, ein weiterer ehemaliger Schüler an der Lichtwarkschule, sowie der Chemiestudent Hans Leipelt, der Bruder von Maria Leipelt. Über Rothes Kommilitonen Albert Suhr entstand Kontakt zu dessen Freund Reinhold Meyer, Philosophiestudent und Junior-Chef der Buchhandlung „Agentur des Rauhen Hauses". In den Kellerräumen der Buchhandlung, die sich mitten im Zentrum Hamburgs, am Jungfernstieg 50, befand, trafen sich die Studierenden meist nachts zu Gesprächen über Literatur und Politik. „Es verband diese ganze Gruppe vor allem der Zorn gegen die geistige Unfreiheit", schreibt Anneliese Tuchel, die Schwester Reinhold Meyers, rückblickend. „Diese jungen Menschen haben gekämpft für die Freiheit des Geistes, indem sie Texte abschrieben, verbreiteten und auch über die Zeit nach dem ‚Dritten Reich' diskutierten. Sie haben ein Netz gesponnen. Und davor hatte die Gestapo am meisten Angst."

Von Traute Lafrenz, die inzwischen in München Medizin studierte und freundschaftliche Kontakte zu Hans und Sophie Scholl geknüpft hatte, erhielten die Hamburger Studierenden im Herbst 1942 schließlich das dritte Flugblatt der Münchner „Weißen Rose". Sie vervielfältigten es und gaben es weiter. „Leider ließ man ihnen nicht viel Zeit", so Tuchel weiter. „Ihre Treffen flogen auf durch Verrat."

Der französische Schriftsteller Maurice Sachs, ein Gestapo-Spitzel, hatte sich in ihren Kreis eingeschlichen und sie bei der Gestapo angezeigt. Mehr als 30 Frauen und Männer wurden festgenommen. Wie Heinz Kucharski und Maria Leipelt wurde auch Rothe am 9. November 1943 verhaftet und in das Gestapo-Gefängnis Hamburg-Fuhlsbüttel gebracht. Ein Jahr darauf kam sie in das Frauenzuchthaus Cottbus, wo sie ihre einstige Lehrerin Erna Stahl und eine Reihe ihrer Weggefährtinnen wiedertraf. Als gegen sie und ihre Verbündeten wegen „Vorbereitung zum Hochverrat, Feindbegünstigung, Wehrkraftzersetzung, Rundfunkverbrechen und Verabredung eines Sprengstoffverbrechens" Anklage erhoben wurde, lag Rothe bereits schwer erkrankt im Frauengefängnis Leipzig-Kleinmeusdorf.

Während ihre Freundinnen das Ende der Nazidiktatur überlebten, starb sie, kurz vor der Befreiung Leipzigs durch die US-Army, am 15. April 1945, noch nicht einmal 26 Jahre alt, im Leipziger Städtischen Krankenhaus St. Jacob an den Folgen einer Lungentuberkulose, die sie sich während der Haft zugezogen hatte.

NINA SCHENK GRÄFIN VON STAUFFENBERG

geb. Freiin von Lerchenfeld
Ehefrau des Offiziers und Widerstandskämpfers Claus
Schenk Graf von Stauffenberg
*1913 Kaunas (Litauen); †2006 Kirchlauter (Bayern)

Wie ihr Mann stammte Nina Schenk Gräfin von Stauffenberg, eine Tochter des Diplomaten Freiherr Gustav von Lerchenfeld und seiner Frau Anna, geb. Freiin von Stackelberg, aus besten gesellschaftlichen Kreisen. In einer Bamberger Klosterschule und dem Mädcheninternat Schloss Wieblingen bei Heidelberg, das von der Reformpädagogin und späteren NS-Gegnerin Elisabeth von Thadden geleitet wurde, hatte sie eine standesgemäße Erziehung erhalten. Sie war erst 16, als sie im Frühjahr 1930 den vier Jahre älteren charismatischen Berufsoffizier Oberst Claus Schenk Graf von Stauffenberg (1907–1944) kennenlernte. Ende September 1933 heirateten sie. Nina von Stauffenberg war eine typische Offiziersfrau. Während ihr Mann beruflich oft unterwegs und später als Soldat an der Front eingesetzt war, lebte sie mit den bald vier gemeinsamen Kindern Berthold, Heimeran, Franz Ludwig und Valerie auf dem Familiensitz der Stauffenbergs im schwäbischen Familienschloss Lautlingen – bis das gescheiterte Hitler-Attentat ihres Manns am 20. Juli 1944 ihr Leben für immer veränderte.

Claus von Stauffenberg, heute die Symbolfigur des militärischen NS-Widerstands, hatte erst spät den verbrecherischen Charakter Hitlers erkannt. Er gehörte allerdings bereits zu den entschiedenen Gegnern der Nazidiktatur, als er im September 1943 an das Allgemeine Heeresamt in Berlin berufen wurde, wo er, gemeinsam mit einer Reihe weiterer Offiziere, forciert an Plänen zum Sturz des Regimes und der Beseitigung Hitlers arbeitete. „Wir haben uns vor Gott und unserem Gewissen geprüft", brachte es Stauffenberg auf den Punkt, „es muß geschehen, denn dieser Mann ist das Böse an sich." Da nur er als damaliger Stabschef des Ersatzheeres Zugang zu Hitlers Lagebesprechungen im ostpreußischen „Führerhauptquartier" Wolfsschanze besaß, erklärte er sich schließlich bereit, ihn selbst zu töten – durch ein Sprengstoffattentat, denn eine Schusswaffe konnte Stauffenberg, der im April 1943 bei einem Tiefliegerangriff in Tunesien das linke Auge, die rechte Hand und zwei Finger der linken Hand verloren hatte, nicht mehr bedienen. Mit einigen Mitverschwörern wurde er nach dem tragischen Scheitern des Attentats, welches Hitler nur leicht verletzt überlebt hatte, noch in derselben Nacht im Hof des Berliner Bendlerblocks, dem damaligen Sitz des Oberkommandos des Heeres, standrechtlich erschossen.

Was und wie viel wusste Nina von Stauffenberg? Sie war zwar in die Staatsstreich- und Attentatspläne ihres Manns und seiner Mitverschwörer eingeweiht gewesen, kannte jedoch weder Details noch ahnte sie, dass ihr Mann den Anschlag selbst durchführen würde. „Politik hat mich eigentlich nicht interessiert", sagte sie später. „Man hat die Zeitung gelesen, über dies und jenes gesprochen, aber tangiert hat es mich nicht. Ich hatte eine wachsende Kinderschar. Die Dinge passierten, aber es hat mich nicht in erster Linie beschäftigt." Für den Fall seiner Verhaftung hatte ihr Mann ihr den „Befehl" gegeben, sich als „dumme kleine Hausfrau mit Kindern" darzustellen und „nicht zu ihm zu stehen, sondern alles zu tun, um mich den Kindern zu erhalten".

Das gelang ihr nicht. Das Naziregime startete eine beispiellose Hetzjagd auf ihre Familie. „Die Familie Stauffenberg wird ausgelöscht bis ins letzte Glied", drohte „Reichsführer-SS" Heinrich Himmler. Sie kam ausnahmslos in Sippenhaft. Am 23. Juli 1944 wurde Nina von Stauffenberg in Lautlingen verhaftet. Sie saß im Gefängnis im schwäbischen Rottweil und im Berliner Gestapo-Hauptquartier. Fünf Monate verbrachte sie in Einzelhaft im Frauenkonzentrationslager Ravensbrück, in dem viele weitere NS-Gegnerinnen, wie Käthe Niederkirchner, Johanna Solf und deren Tochter Lagi Gräfin von Ballestrem, eingesperrt waren. Wie die anderen wurde sie verhört, gab aber nichts preis, was den Nazis genützt hätte.

Nina von Stauffenberg war damals schwanger mit ihrer Tochter Konstanze, die sie Ende Januar 1945, noch immer in Haft, in einer Klinik in Frankfurt/Oder zur Welt brachte. Gegen Kriegsende wurde sie als „Sondergefangene" nach Franken transportiert, wo sie schließlich freikam. Das Baby gab ihr Hoffnung und stärkte ihr Durchhaltevermögen. Aber lange Zeit wusste sie nichts über das Schicksal ihrer vier älteren Kinder, die unter falschen Namen in ein Heim in Bad Sachsa im Harz gebracht worden waren. Erst nach fast einem Jahr voller Angst und Sorge sah sie sie im Juni 1945 schließlich wieder.

Viele ihrer Verwandten waren nach dem Scheitern des Attentats zum Tod verurteilt und hingerichtet worden oder hatten, wie sie, lange in Konzentrationslagern gesessen. Ihr Schwager, der Jurist Berthold von Stauffenberg, der noch früher als sein jüngerer Bruder Claus Kontakt zur militärischen Opposition gehabt hatte, wurde drei Wochen nach ihm in Berlin-Plötzensee gehängt. Bertholds Zwillingsbruder, der Althistoriker Alexander von Stauffenberg, war im Konzentrationslager Buchenwald inhaftiert. Als eine von 141 SS-Geiseln wurde er in den letzten Kriegswochen nach Südtirol gebracht, wo er Ende April 1945 schließlich freikam. Es wird vermutet, dass auch er von den Staatsstreichs- und Attentatsplänen der Offiziere gewusst hatte. Seine Frau Melitta, eine prominente Pilotin und Flugzeugingenieurin, war bereits nach sechs Wochen wieder aus der Haft entlassen und weiter in der NS-Luftfahrtforschung eingesetzt worden, da sie für die Weiterentwicklung der

„Stukas" (Sturzkampfbomber) unentbehrlich war. Nebenbei hatte sie sich um ihre inhaftierten Angehörigen gekümmert, die sie mit dem Nötigsten versorgen konnte, bis sie am 8. April 1945 beim Abschuss ihres Flugzeugs ums Leben kam. Melitta von Stauffenberg war es auch, die den Aufenthalt der vermissten Stauffenberg-Kinder in Bad Sachsa ausfindig gemacht hatte. Ob und wieweit auch sie einst in die Attentatspläne eingeweiht war, ja ihren Schwager Claus ursprünglich von der Wolfsschanze zurück nach Berlin hatte fliegen sollen, ist nicht zweifelsfrei geklärt.

Nina von Stauffenberg starb im Alter von fast 93 Jahren. Beim Tod ihres Ehemanns erst 31 Jahre alt, überlebte sie ihn um 62 Jahre. Die anhaltende Verbundenheit mit ihm bringen die bewegenden Verse zum Ausdruck, die sie in schwersten Stunden in Ravensbrück verfasst hatte: „Du bist bei mir, / Wenn auch dein Leib verging, / Und immer ist's, als ob / Dein Arm mich noch umfing. / Dein Auge strahlt mir zu / Im Wachen und im Traum. / Dein Mund neigt sich zu mir, Dein Flüstern schwingt im Raum. „Geliebtes Kind! Sei stark / sei Erbe mir! / Wo du auch immer bist / Ich bin bei Dir!" Wie nahezu alle Frauen des „20. Juli 1944", deren Männer damals hingerichtet worden waren, wurde auch Nina von Stauffenberg in der frühen Bundesrepublik als Witwe eines „Landesverräters" diskreditiert. Deshalb sprach sie kaum über die vergangenen tragischen Ereignisse. „Der 20. Juli", schreibt ihre Tochter Konstanze von Schulthess in ihrem 2008 erschienenen Buch über ihre Mutter, „war eine Zäsur gewesen, die sie stark gemacht hatte, stärker als viele andere Frauen. Doch im Nachhinein ahne ich, mit wie viel Härte gegen sich selbst diese Stärke erkauft war. Nein, sie war nicht ‚noch einmal davongekommen', sie war geprägt und gezeichnet durch den 20. Juli 1944."

SOPHIE SCHOLL

Studentin
*1921 Forchtenberg (Baden-Württemberg);
†1943 München

„Kommilitonen! Kommilitoninnen! Erschüttert steht unser Volk vor dem Untergang der Männer von Stalingrad. Dreihundertdrei-ßigtausend deutsche Männer hat die geniale Strategie des Welt-kriegsgefreiten sinn- und verantwortungslos in Tod und Verderben gehetzt. Führer, wir danken dir! Es gärt im deutschen Volk (…). Der Tag der Abrechnung ist gekommen", heißt es im sechsten und letzten Flugblatt, das Sophie Scholl gemeinsam mit ihrem drei Jah-re älteren Bruder Hans (1918–1943) am 18. Februar 1943 im Licht-hof der Münchner Ludwig-Maximilians-Universität verteilte, um zum Sturz der Hitlerdiktatur aufzurufen. Am selben Tag forderte NS-Propagandaminister Joseph Goebbels, nach dem verlorenen Kampf um das russische Stalingrad, in einer flammenden Rede im Berliner Sportpalast den „totalen Krieg".

Wegen ihrer wagemutigen Flugblattaktionen, die sie mit weite-ren Mitgliedern der „Weißen Rose", einer losen, durchweg studen-tischen Oppositionsgruppe im Kampf gegen das verbrecherische Naziregime unternahmen, gehören die Geschwister Scholl seit Langem zu den berühmtesten Protagonisten des NS-Widerstands. Vor allem Sophie Scholl, die dafür als junge Frau von knapp 22 Jah-ren sterben musste, wurde zur Legende und zum Vorbild nachfol-gender Generationen. Sie war als viertes von fünf Geschwistern in einer protestantisch geprägten, politisch-weltanschaulich interes-sierten und sehr diskussionsfreudigen Familie in den baden-würt-tembergischen Städten Forchtenberg, Ludwigsburg und Ulm auf-gewachsen. Der familiäre Hintergrund gab ihr Selbstbewusstsein, moralische Stärke und dadurch den Mut zum Widerstand. Der Vater Robert Scholl (1891–1973), Bürgermeister der Gemeinden Ingersheim an der Jagst und Forchtenberg, später selbstständiger Wirtschaftsprüfer und Steuerberater in Ulm, war von Anfang an gegen den Nationalsozialismus. Er bezeichnete Adolf Hitler als „Gottesgeißel" und äußerte später Zweifel am deutschen „Endsieg". Am 3. August 1942 verurteilte ihn das Sondergericht Stuttgart wegen Verstoßes gegen das „Heimtückegesetz" („Gesetz gegen heimtückische Angriffe auf Staat und Partei und zum Schutz der Parteiuniformen") zu einer viermonatigen Haftstrafe.

Sophie Scholl und ihr Bruder Hans hingegen waren zunächst vom Nationalsozialismus begeistert. Wie zahlreiche junge Deutsche zogen sie das Gemeinschaftsgefühl und die Freizeitaktivitäten der NS-Jugendorganisationen an. Hans engagierte sich seit 1933 in der Hitlerjugend und stieg dort zum „Fähnleinführer" auf. Sophie Scholl gehörte zum „BDM" („Bund deutscher Mädel") und leitete als „Scharführerin" eine „Jungmädel-Gruppe". Wie ihr Bruder eckte sie jedoch bald durch ihr individuelles Freiheitsbedürfnis an, erkannte nach und nach den inhumanen Charakter des NS-Regimes und ging entschieden auf Distanz. Im November 1937 wurde Sophie mit ihren Geschwistern Inge und Werner wegen Betätigung in der verbotenen „bündischen Jugend" von der Gestapo erstmals verhaftet. Sie wurde nach wenigen Stunden wieder entlassen, ihre Geschwister erst nach einer Woche. Hans Scholl kam im Dezember 1937 unter dem Vorwurf der Homosexualität und „bündischer Umtriebe" für fünf Wochen in Haft.

Nach dem Abitur machte Sophie Scholl, die vielseitig talentiert war und ein besonderes Interesse an Literatur und Philosophie besaß, eine Ausbildung zur Kindergärtnerin, um dem NS-Arbeitsdienst zu entgehen, den sie später allerdings doch noch antreten musste. Im Mai 1942 kam sie nach München, um an der Ludwig-Maximilians-Universität Biologie und Philosophie zu studieren.

Sophie Scholl

Mit ihrem Bruder Hans, der hier bereits einige Semester zuvor ein Medizinstudium begonnen hatte, teilte sie sich eine kleine Wohnung im Gartenhaus der Schwabinger Franz-Joseph-Straße 13. Durch ihn fand sie auch Anschluss an den Kreis der „Weißen Rose", der nicht nur in München, sondern auch in Saarbrücken, Stuttgart, Freiburg oder Augsburg Anti-Nazi-Flugblätter in Briefkästen warf oder nachts in den Straßen verteilte, Parolen wie „Nieder mit Hitler" und „Freiheit" an Häuserwände schrieb und Kontakt zu anderen Oppositionellen, wie dem evangelischen Theologen Dietrich Bonhoeffer oder zur „Roten Kapelle" um den Leutnant der Luftwaffe und Mitarbeiter in Hermann Görings Reichsluftfahrtministerium Harro Schulze-Boysen in Berlin, suchte. „Man muß etwas machen", sagte Sophie Scholl, „um selbst keine Schuld zu haben". An der Herstellung und Verteilung der Flugblätter, die ihr Bruder gemeinsam mit seinem Kommilitonen Alexander Schmorell seit Sommer 1942 in einem Ateliergebäude in der Schwabinger Leopoldstraße druckte, war sie ab Januar 1943 beteiligt. Sie beschaffte auch Matrizen, Papier, Umschläge und Briefmarken, wofür sie von Geschäft zu Geschäft ging, denn der Kauf großer Mengen hätte Misstrauen erwecken können.

Wie ihre ältere Schwester Inge Aicher-Scholl rückblickend berichtete, hatten ihre Geschwister am 18. Februar 1943 während der vormittäglichen Vorlesungen stapelweise Flugblätter in den menschenleeren Gängen der Münchner Universität ausgelegt. Die restlichen Exemplare warf Sophie über die Balustrade des großen Lichthofs. Diese spontane Aktion wurde ihr und ihrem Bruder zum Verhängnis. Der Hausmeister hatte sie beobachtet und ließ sie verhaften. Die Gerichtsverhandlung unter dem Vorsitz des eigens aus Berlin angereisten, wegen seiner Brutalität und Erbarmungslosigkeit berüchtigten Präsidenten des NS-Volksgerichtshofs Roland Freisler, war eine Farce. Das Urteil stand von Anfang an fest. Nur vier Tage später, am 22. Februar, wurden Hans und Sophie Scholl wegen „hochverräterischer Flugpropaganda" zum Tod verurteilt und noch am selben Tag im Münchner Gefängnis Stadelheim durch die Guillotine hingerichtet. Vergeblich hatten die verzweifelten Eltern und Sophies Verlobter, der junge, damals in Russland stationierte Berufsoffizier Fritz Hartnagel (1917–2001), Gnadengesuche eingereicht.

Wie ihr Bruder Hans hatte sich Sophie Scholl bis zur letzten Stunde ruhig und gefasst gezeigt – eine Haltung, die selbst die Gefängniswärter beeindruckte. Aus dem erhalten gebliebenen Vernehmungsprotokoll der Gestapo geht hervor, dass sie die Hauptschuld auf sich nahm und versuchte, weitere Verdächtige zu schützen. Sie hätte sich möglicherweise herausreden und als „irregeleitete" junge Frau der Todesstrafe entgehen können. Stattdessen bekannte sie vor Gericht: „Ich bin nach wie vor der Meinung, das Beste getan zu haben, was ich gerade jetzt für mein Volk tun konnte. Ich bereue deshalb meine Handlungsweise nicht und will die Folgen, die mir aus meiner Handlungsweise erwachsen, auf mich nehmen."

Mit den Geschwistern Scholl starb damals der Medizinstudent Christoph Probst, der seine Frau und drei kleine Kinder hinterließ. Wenige Monate später wurden auch ihre Freunde und Kommilitonen Willi Graf, Alexander Schmorell sowie der Münchner Philosophieprofessor Kurt Huber, der an der Formulierung der letzten beiden Flugblätter maßgeblich beteiligt gewesen war, hingerichtet. Andere wurden zu Haftstrafen verurteilt; die Eltern der Scholls, die jüngeren Schwestern Elisabeth und Inge sowie weitere Familienangehörige kamen in Sippenhaft. So viel Angst hatte das NS-Regime vor einer Handvoll Menschen, die nachdachten und Kritik übten.

ODA SCHOTTMÜLLER

Tänzerin, Bildhauerin
*1905 Posen/Preußen (heute Poznán/Polen);
†1943 Berlin

Oda Schottmüller, die in Berlin Bildhauerei und modernen Aus-
druckstanz studiert hatte, erfuhr im „Dritten Reich" kaum künstlerische Einschränkungen. Sie trat als Tänzerin auf und beteiligte
sich später an Wehrmachts-Tourneen durch die Niederlande und
Italien. Selbst ihre nach nationalsozialistischem Kunstverständnis
zu modernen und eigenwilligen Choreografien, wie „Der Erd-
wächter" oder der „Würgeengel", die sie mit selbst entworfenen
Masken tanzte, wurden weitgehend toleriert. Auch ihre Plasti-
ken und Porträtbüsten zeigte sie nach wie vor auf Ausstellungen,
darunter eine von Hermann Görings erster, 1931 verstorbener
Ehefrau Carin.

Schottmüller ging ganz in ihrer Kunst auf. Sie hatte nur wenig
Interesse an Politik, war aber, als ehemalige Schülerin der liberalen
Odenwald-Schule im hessischen Heppenheim, durch die reformpädagogischen Bewegungen ihrer Zeit geprägt und fühlte sich von
den regressiven und inhumanen Maßnahmen der nationalsozialistischen Diktatur abgestoßen. Durch ihren Bildhauerkollegen Kurt
Schumacher, mit dem sie ein Verhältnis hatte, kam sie schließlich
in Kontakt zur Berliner Gruppe der losen, linkspolitischen Widerstandsorganisation „Rote Kapelle" um Harro und Libertas Schulze-
Boysen. Gleichgesinnte, wie die Ärztin Elfriede Paul, der Journalist
Walter Küchenmeister oder der Schriftsteller Günther Weisenborn
und seine Frau Joy, trafen sich von nun an regelmäßig in Schottmüllers Atelier in der Reichsstraße 106 in Berlin-Charlottenburg,
um Aktionen gegen das verhasste Regime zu planen.

Die „Rote Kapelle" wurde im Spätsommer 1942 enttarnt, ihre Mitglieder aufgegriffen. Schottmüller wurde am 16. September verhaftet. Libertas Schulze-Boysen, die bereits vor ihr ins Reichssicherheitshauptamt gebracht worden war, hatte einige Verbündete über eine scheinbar vertrauenswürdige Sekretärin warnen wollen und dabei auch den Namen und die Adresse Schottmüllers verraten.

Ihr wurde vorgeworfen, der „Roten Kapelle" um die Jahreswende 1941/42 ihr Atelier für Funkversuche nach Moskau zur Verfügung gestellt zu haben. Harro Schulze-Boysen versuchte mehrfach vergeblich, mit der Sowjetunion, die ein halbes Jahr zuvor im „Blitzkrieg", dem sogenannten Unternehmen Barbarossa, von der deutschen Wehrmacht angegriffen worden war, über Funk Kontakt zu halten. Mit großer Wahrscheinlichkeit wusste Schottmüller gar nichts davon, und es ist fraglich, ob von ihrem Atelier aus überhaupt gefunkt worden war. Auch darüber hinaus ist über den Umfang ihrer Widerstandtätigkeit nur wenig bekannt, da weder die Anklageschrift noch Vernehmungsprotokolle erhalten sind. Sie gab höchstens Flugblätter weiter und nutzte ihre Tourneen, um weiteren Oppositionellen konspirative Nachrichten zu übermitteln.

Am 25./26. Januar 1943 stand sie schließlich als Angeklagte vor dem Berliner Reichskriegsgericht. In aus dem Gefängnis herausgeschmuggelten Kassibern berichtete sie mit beißender Ironie von einem grotesken Prozess, in dem Richter und Verteidiger Tatsachen verdrehten, nicht zuhörten oder sogar schliefen. Am Ende wurde sie wegen „Beihilfe zur Vorbereitung eines hochverräterischen Unternehmens und zur Feindbegünstigung" zum Tod verurteilt und ein halbes Jahr darauf, am Abend des 5. August 1943, mit 16 Gleichgesinnten im Berliner Strafgefängnis Plötzensee hingerichtet. Unter ihnen befanden sich die jungen Widerstandskämpferinnen Liane Berkowitz, Cato Bont-

Oda Schottmüller

jes van Beek, Eva-Maria Buch und Hilde Coppi. Schottmüllers Pflichtverteidiger sagte ihrer Mutter später, dass Oda eigentlich nur Mitwisserin gewesen sei und nicht selbst „etwas Tatsächliches verübt habe".

LIBERTAS SCHULZE-BOYSEN
geb. Haas-Heye
Filmkritikerin
*1913 Paris; †1942 Berlin

Libertas Schulze-Boysen, genannt „Libs", muss eine Ausstrahlung gehabt haben, denen die erhaltenen Fotografien nicht ganz gerecht werden. Ihr späterer Verteidiger, der Rechtsanwalt Rudolf Behse, sagte: „In meinem ganzen Leben habe ich keine so schöne Frau mit einem solchen Sex appeal gesehen." Ihre Freundin Ingeborg Engelsing charakterisierte sie differenzierter: „Schön war sie eigentlich nicht, aber sehr reizvoll und verführerisch. Kein Mann konnte ihrem Zauber widerstehen. (…) Ihre blühende Gesundheit, die Kraft, die von ihr ausging, ihre mannigfaltigen musischen und sportlichen Talente machten sie überall zum Mittelpunkt. Sie fand sich in jeder Gesellschaft zurecht, ob es sich um Grafen, Intellektuelle, Filmschauspieler oder Arbeiter handelte. Sie war optimistisch, lebensdurstig und leichtgläubig". Von ihrer Schwiegermutter Marie-Luise Schulze wurde sie allerdings auch als naiv, unreif und klatschsüchtig beschrieben. Und die Schauspielerin und NS-Gegnerin Marta Husemann kritisierte ihre „maßlose Eitelkeit".

Libertas Schulze-Boysen, eine der bekanntesten Frauen des losen, aber weit verzweigten linken Widerstandsnetzwerks, das die Gestapo später „Rote Kapelle" nannte, war ein widersprüchlicher Mensch, aber zweifellos eine Persönlichkeit. Sie stammte aus besten Verhältnissen. Als Tochter des Kunstprofessors und Modegestalters Otto Ludwig Haas-Heye und seiner Frau Victoria Gräfin zu Eulenburg und Hertefeld war sie in Paris zur Welt gekommen, hatte ein Züricher Internat besucht, längere Zeit in England und Irland gelebt und viel Zeit an ihrem „Sehnsuchtsort", dem 60 Kilometer nördlich Berlins gelegenen Schlossgut Liebenberg, verbracht, das ihrem Großvater mütterlicherseits Philipp Fürst zu Eulenburg und Hertefeld, einem preußischen Diplomaten und Vertrauten Kaiser Wilhelms II., gehörte. In der Schlosskapelle heiratete sie am 26. Juli 1936 Harro Schulze-Boysen (1909–1942), Sohn eines Marineoffiziers, Oberleutnant, Publizist – und ein entschiedener Hitlergegner. Er hatte bereits 1933 als Herausgeber der linkspolitischen Zeitschrift „Der Gegner" erstmals NS-Haft und Folter erlitten und war nur durch die Intervention seiner Mutter wieder freigekommen. Durch ihn fand Libertas, die Anfang März 1933 in die NSDAP eingetreten, aber Anfang 1937 wieder ausgetreten war, in den aktiven Widerstand.

Wie Arvid und Mildred Harnack, ihre engen Verbündeten im Kampf gegen die Nazidiktatur, führten sie ein nach außen hin angepasstes Leben als modernes, kinderloses Ehepaar. Harro sah Libertas nicht als Hausfrau, sondern als „Lebenskamerad und Bundesgenosse". Beide machten Karriere – und zwar quasi im Zentrum der Macht. Während ihr Mann in der Nachrichtenabteilung des Reichsluftfahrtministeriums unterkam, schrieb Libertas Filmkritiken für die „Essener Nationalzeitung" und war Pressereferentin im Berliner Büro der US-amerikanischen Filmgesellschaft Metro-Goldwyn-Mayer (MGM). Ab November 1941 arbeitete sie in der Kulturfilmzentrale des Goebbelschen Propagandaministeriums, wo sie u. a. für die Begutachtung und Auswahl von Kulturfilmen zuständig war.

Zugleich veranstaltete das Paar in seiner Wohnung in der Altenburger Allee 19 im noblen Berliner Westend sogenannte Picknick-Abende: als Freizeitvergnügen getarnte Treffen mit Regimegegnern aus unterschiedlichen weltanschaulichen Kreisen, auf denen politische Themen diskutiert und Flugschriften verfasst wurden, die die NS-Verbrechen anprangerten und zum Widerstand aufriefen. Während ihr Mann Kontakt zu sowjetischen Diplomaten aufnahm, um vor einem bevorstehenden militärischen Angriff Deutschlands auf die Sowjetunion zu warnen, kopierte Libertas im Propagandaministerium heimlich von der Front eingehendes Bildmaterial über die Gräueltaten von SS und Wehrmacht, u. a. über die Massenmorde an der jüdischen Bevölkerung im Osten – „für den Zeitpunkt (...), an dem die Verbrecher für ihre Untaten zur Verantwortung gezogen werden sollten", so die US-amerikanische Autorin Shareen Blair Brysac. Als die ersten Verhaftungen der Widerstandsgruppe begannen, vernichtete sie ihre Dokumentation vorsichtshalber.

Nach der Enttarnung der „Roten Kapelle" wurde Harro am 31. August 1942 in seinem Büro im Reichsluftfahrtministerium verhaftet. Libertas wurde eine Woche darauf in Potsdam von der Gestapo aus dem Zug nach Traben-Trarbach an der Mosel geholt, wo sie sich bei Freunden hatte verstecken wollen. Sie kam in das Gefängnis des Reichssicherheitshauptamts in der Berliner Prinz-Albrecht-Straße 8 (heute ist dort die Topografie des Terrors). Ihr Freund und Weggefährte, der ebenfalls inhaftierte Schriftsteller Günther Weisenborn, erzählte später, dass Libertas anfangs darüber lachen konnte, „dass sich die Zellen des Hauptquartiers der Geheimpolizei in den Gebäuden der ehemaligen Kunstschule befanden, deren Direktor ihr Vater gewesen war."

Während der Untersuchungshaft fasste sie unbedacht Vertrauen zur dortigen Sekretärin Gertrud Breiter, die sie für eine Gleichgesinnte hielt. Sie übergab ihr Briefe an ihre Mutter, berichtete ihr Details über ihre Widerstandsaktivitäten und bat sie, Mitglieder ihrer Gruppe, die sich noch in Freiheit befanden, zu warnen. Es war eine Falle: Breiter war ein Spitzel, die Gestapo erfuhr alles und verhaftete viele weitere Verbündete aus dem Widerstand. Von Mitte September bis Mitte Dezember 1942 saß Libertas Schulze-Boysen – wie andere Frauen der „Roten Kapelle" – im Gerichtsgefängnis Berlin-Charlottenburg. Ihre damalige Verfassung spiegeln

Libertas Schulze-Boysen

mehrere Gedichte wider, die sie dort verfasste. „In Zelle 20" heißt es: „Sie nahmen den Namen mir an der Tür / Das Wünschen an der Schwelle. / Die Träume einzig blieben mir / in meiner kahlen Zelle." Am 19. Dezember wurde sie gemeinsam mit weiteren Angeklagten, unter ihnen ihr Mann Harro und das Ehepaar Harnack, vom Reichskriegsgericht wegen „Vorbereitung zum Hochverrat, Feindbegünstigung und Spionage" zum Tod verurteilt. Drei Tage später starb sie in der Hinrichtungsstätte Berlin-Plötzensee durch die Guillotine. Libertas war erst 29 Jahre alt. „So lasst mir doch mein junges Leben", schrie sie am Ende verzweifelt.

Hatte ihr Mann sie in den Widerstand gedrängt? Hatte sie sich nur mitreißen lassen? Im Urteil hieß es: „Sie war ursprünglich Nationalsozialistin und hatte die Absicht, Führerin im Arbeitsdienst zu werden. Sie ist dann aber ihrem Mann gefolgt, hat seine Auffassung zu der ihrigen gemacht und ist auch für ihre Person aktiv geworden." Günther Weisenborn, mit dem sie einst das Stück „Die guten Feinde" verfasst hatte, hatte sie schon vor ihrer Verhaftung gestanden, dass sie die permanente Angst kaum noch ertragen könne. Sie habe fünf Jahre lang loyal für Harro gearbeitet „und auf jede einzelne dieser Arbeiten stand der Tod". Marta Husemann äußerte rückblickend, dass man Libertas Schulze-Boysen „niemals in die illegale Arbeit hätte einweihen dürfen". Dennoch hatte sie mit ihrem Engagement für die „Rote Kapelle" Risikobereitschaft und außerordentlichen Mut gezeigt und damit entscheidend zum Kampf gegen das verbrecherische NS-Regime beigetragen. Wie ihr Mann wurde sie in der Nachkriegszeit jedoch nur in der DDR gewürdigt, in der Bundesrepublik galt sie lange Zeit als „Landesverräterin" und wurde erst spät rehabilitiert.

JOHANNA SOLF

geb. Dotti
*1887 Neuenhagen bei Berlin; †1954 Starnberg
(Bayern)

Bereits durch ihren Ehemann, den 25 Jahre älteren Diplomaten
und deutschen Botschafter Wilhelm Heinrich Solf, besaß Johanna
Solf, die Tochter eines Amtsvorstehers aus dem brandenburgischen Neuenhagen, Kontakt zu Oppositionellen. Mit ihrem Mann
hatte sie im damaligen Deutsch-Samoa (Polynesien) und zwischen
1921 und 1928 in Tokio gelebt, wo er „sich durch seine erfolgreichen Bemühungen um die Förderung der kulturellen Beziehungen mit Japan großes Ansehen erwarb", wie es der Historiker
Ralph Erbar formulierte. Mit ihrer Tochter Lagi Gräfin von Ballestrem und ihren drei Söhnen kehrte das Ehepaar Ende 1928 nach
Berlin zurück. Hier setzte sich Wilhelm Heinrich Solf bald nach
Beginn der nationalsozialistischen Herrschaft für bedrohte Juden
und politisch Verfolgte ein. Manchen von ihnen konnte er dank
seiner internationalen Verbindungen Auslandsvisa, in erster Linie
nach Japan, verschaffen. Nach seinem Tod im Jahr 1936 führte Johanna Solf sein Engagement fort. Jetzt war sie es, die gemeinsam
mit ihrer Tochter gefälschte Pässe und Visa für Verfolgte des NS-
Regimes organisierte. Für die Zwischenzeit vermittelte sie ihnen
Verstecke in Berliner Wohnungen. Nach Kriegsende schrieb Solf,
die mit ihrer Tochter später zu den wenigen Überlebenden ihres
Widerstandskreises gehörte, an den einst in der „Roten Kapelle"
aktiven Schriftsteller Günther Weisenborn: „Als meine wichtigste
Aufgabe sah ich an, vom ersten Tag an aufklärend zu wirken und
die außergewöhnlichen Beziehungen, die ich zum Ausland hatte,
zu benutzen, um zu zeigen, daß es auch wahre Deutsche gibt."

Ihr damaliges Haus in der Alsenstraße, im vornehmen, später kriegszerstörten Berliner Tiergartenviertel, bildete einen als „Teegesellschaft" getarnten Treffpunkt für Hitlergegner: der „Solf-Kreis." Er setzte sich hauptsächlich aus Vertretern des konservativen, akademischen Bürgertums zusammen, unter ihnen die Diplomaten Otto Carl Kiep und Albrecht Graf von Bernstorff, der ein alter Bekannter ihres verstorbenen Mannes war, der katholische Theologe Friedrich Erxleben und der Jurist Nikolaus Christoph von Halem. Zum Kreis gehörte auch eine Reihe oppositioneller Frauen wie die Gräfinnen Hannah von Bredow und Maria von Maltzan, die Juristin Hanna Kiep (1904–1979), die Pädagogin Elisabeth von Thadden oder die Kabarettistin und Schauspielerin Isa Vermehren (1918–2009). Zudem gab es zahlreiche Verbindungen zu anderen Hitlergegnern. Die Potsdamer Bildhauerin Marie-Louise Sarre (1903–1999), eine Tochter des Berliner Kunsthistorikers und Orientalisten Friedrich Sarre, die während des NS-Regimes als Sekretärin im Stab der Heeresgruppe Mitte arbeitete, war für Solf und ihre Verbündeten nach eigenen Worten als „unauffälliger Nachrichtenübermittler" zu oppositionellen Wehrmachtsoffizieren aktiv.

Der „Solf-Kreis" plante keinen Staatsstreich, wie die Offiziere um Claus Schenk Graf von Stauffenberg, oder eine neue Gesellschaftsform für die Zeit nach Hitler, wie der „Kreisauer Kreis". Er traf sich regelmäßig zum kritischen Austausch. Es war eine „Insel des offenen Worts und der Humanität", schreibt Reiner Möckelmann, später selbst langjährig als Diplomat im Auswärtigen Amt tätig, in seiner Biografie über Hannah von Bredow. Die Verbündeten blieben lange Zeit unentdeckt, bis Paul Reckzeh, ein vermeintlich vertrauenswürdiger junger Arzt, sich am 10. September 1943 Zugang zu einer Feier bei Solfs Freundin Elisabeth von Thadden verschaffte. Er war ein Spitzel, die Gäste wurden denunziert und in den folgenden Monaten nach und nach durch die Gestapo verhaftet. Fünfzig Menschen, schreibt Solf rückblickend, soll Reck-zeh „angezeigt" haben. Sie selbst wurde am 12. Januar 1944 in der Wohnung ihrer Schwester Elisabeth Dotti in Garmisch-Partenkir-chen verhaftet. In Berlin ausgebombt, hatte sie sich damals zu ihr nach Bayern geflüchtet. Obwohl sich der japanische Botschafter in Berlin für sie eingesetzt hatte, wurde Solf ins KZ Sachsenhausen bei Berlin und bald darauf in das brandenburgische Frauenkonzen-trationslager Ravensbrück gebracht. Hier traf sie ihre Tochter Lagi wieder. Es folgten Monate mit ständigen, stundenlangen Verhö-ren, die durch „Beleidigungen, Bedrohungen, Verdrehungen des-sen, was man gesagt hatte", für Solf, die damals schon Ende fünf-zig war, „zu einer besonderen Qual" wurden. Dunkelhaft, Hunger und unerträgliche Kälte kam dazu. Doch Solf blieb standhaft und verriet niemanden.

Nur durch eine Reihe von Zufällen entgingen sie und ihre Tochter schließlich der Todesstrafe. Im Strafverfahren „Solf und 5 andere" wegen „Hochverrats, Wehrkraftzersetzung, Feindbe-günstigung und Defätismus" angeklagt, hatten sie gemeinsam im Untersuchungsgefängnis Berlin-Moabit unter schlimmsten Haft-bedingungen auf ihren Prozess gewartet. Es kam nicht mehr dazu: Zwei Tage vor dem anberaumten Gerichtstermin, am 3. Februar 1945, starb der gefürchtete „Blutrichter" und Präsident des NS-Volksgerichtshofs Roland Freisler bei einem schweren alliierten Bombenangriff, die Prozessakten gingen verloren. „Nichts wurde uns gesagt", berichtete Solf im Nachhinein, „aber ein Gefangener, aus dem Männerhaus kommend, der uns Frauen oft Nachrich-ten aus der Außenwelt brachte, flüsterte mir im Vorbeigehen zu: „Freysler [sic!] ist tot! Kein Volksgericht mehr!" Am 23. April 1945, unmittelbar vor Kriegsende, kamen Mutter und Tochter plötzlich frei. Der junge im Widerstand aktive Rechtsanwalt Ernst Ludwig Heuss, ein Sohn des späteren ersten Bundespräsidenten Theodor Heuss, der damals vielen Verhafteten zu helfen versuchte, hatte

Johanna Solf

ihre Entlassung erwirken können. Obwohl die Rote Armee bereits auf Berlin vorrückte und Deutschland unmittelbar vor der Kapitulation stand, erwog Propagandaminister Joseph Goebbels die erneute Verhaftung der beiden Frauen. Er befürchtete, sie würden „Unruhe in die Bevölkerung" bringen. „Im Chaos der Strassenkämpfe, der Bomben und Schrappnells konnte man uns jedoch nicht mehr finden", berichtete Solf rückblickend.

1947 sagte sie als Zeugin bei den Nürnberger Kriegsverbrecher-Prozessen aus. Als Mahnung gegen das „Vergessen" verfasste sie im selben Jahr ihre „Denkschrift über meine Haft", einen kurzen, aber dennoch detaillierten und tief bewegenden Bericht über ihre Verhaftung, die Anklage vor dem NS-Volksgerichtshof mit dem unerträglichen Geschrei Freislers, die entsetzlichen Haftbedingungen und Erniedrigungen in Gefängnissen und Konzentrationslagern, aber auch die kleinen Hilfen so mancher Gefängnisaufseherin, die Solf ausdrücklich würdigt. Über ihre Haft im brandenburgischen Frauenzuchthaus Cottbus, in dem gegen Kriegsende wegen der zunehmenden Bombardierung und Zerstörung der Großstädte zahlreiche Widerstandskämpferinnen inhaftiert waren, schreibt sie: „Junge Frauen und Mädchen, alte Damen, alle Stände, alle Bildungsgrade waren vertreten, die einfach fühlten, es gäbe etwas zu verteidigen, das höher war als das Vaterland und geographische Grenzen: die Humanität, das Christentum und das Recht. Niemand gab nach, alle nahmen das schwere Los auf sich. Gerade unter den Frauen hat man wunderbare Beispiele von Mut und Kraft erlebt. Wie viel Namenlosen möchte ich ein Denkmal setzen. Ich glaube, die Geistlichen beider Konfessionen können Zeugnis davon ablegen, wie ruhig und mutig fast alle den letzten Gang angetreten haben."

GERTRUD STAEWEN

geb. Ordemann
evangelische Fürsorgerin
*1894 Bremen; †1987 Berlin

Für die „Stimme des Blutes" und „wilde Nazibegeisterung" hatte Gertrud Staewen, die Schwägerin des späteren dritten deutschen Bundespräsidenten Gustav Heinemann, kein Verständnis. Ihr berufliches Engagement für gesellschaftliche Außenseiter, ihre sozialdemokratische Weltanschauung, die Verbindung zur christlich-sozialistischen „Neuwerk"-Bewegung des Pfarrers Günther Dehn, ihre Freundschaft zu dem Schweizer Theologieprofessor und religiösen Sozialisten Karl Barth und ihr eigener evangelischer Glaube führten sie schließlich in den Widerstand.

Auch persönlich war Staewen damals eine Ausnahmeerscheinung. Sie entsprach ganz und gar nicht dem, was sich die Nazis unter einer „deutschen Frau" vorstellten. Und sie wusste, was es heißt, sich im Leben durchzuschlagen: Von ihrem Mann, einem Lehrer, geschieden, zog sie ihre Kinder Renate und Christoph allein auf, verdiente ihren eigenen Lebensunterhalt im Verlag des evangelischen Burckhardthauses in Berlin-Dahlem und schrieb nebenher Bücher. Ihre sozialkritischen Publikationen, „Menschen der Unordnung – Die proletarische Wirklichkeit im Arbeitsschicksal der ungelernten Großstadtjugend" und „Kameradin – Junge Frauen im deutschen Schicksal 1910–1930" wurden von den Nationalsozialisten verboten. Hausdurchsuchungen folgten, belastendes Material wurde jedoch glücklicherweise nicht gefunden. Ihre damalige Haushaltshilfe Wilhelmine Fuss hatte geistesgegenwärtig für „große Wäsche" eingeheizt und verdächtige Schriften in der Waschküche verbrannt. Staewen wohnte in dieser Zeit in einem Reihenhäuschen in der

Dörchläuchtingstraße 35, das zur damals hochmodernen, 1926/27 nach Plänen des Architekten Bruno Taut erbauten Berliner „Hufeisensiedlung" gehört. Unter den Bewohnern der Siedlung befanden sich viele Sozialdemokraten und Gewerkschafter, die als Gegner der Nationalsozialisten verfolgt wurden. Nur wenige Häuser von ihr entfernt, lebte der Schriftsteller Erich Mühsam. Als früher Warner vor der Gefahr einer nationalsozialistischen Gewaltherrschaft wurde er nach brutaler Haft bereits im Juli 1934 im KZ-Oranienburg ermordet.

Staewen fand bald nach Beginn der NS-Diktatur Anschluss an die „Bekennende Kirche" um die Pfarrer Martin Niemöller und Helmut Gollwitzer, die sich, im Gegensatz zu den nationalsozialistischen „Deutschen Christen", zu den wahren christlichen Werten bekannten und die antisemitischen Gesetze ablehnten. Mit Helene Jacobs, Melanie Steinmetz (1908–2009) und anderen Frauen sowie den beiden jüdisch-stämmigen, zum Christentum konvertierten Juristen Franz Kaufmann und Georg Hamburger gehörte sie zum Helferkreis der Bekenntnisgemeinde der kleinen St.-Annen-Kirche in Berlin-Dahlem. Sie spendeten seelischen Beistand und organisierten vielfältige Hilfe, vor allem für jüdische Menschen. Gefälschte Ausweise und Lebensmittelmarken wurden beschafft, Fluchtmöglichkeiten gesucht und später auch Päckchen in die Ghettos in Warschau und Łódź geschickt. Durch die Bestechung von SS-Männern versuchte der Helferkreis Deportierte freizukaufen, was in Einzelfällen sogar gelang. Inwieweit Staewen, die vor illegalen Handlungen eigentlich zurückschreckte, konkret an den Aktionen beteiligt war, ist nicht bekannt. Sie beherbergte jedoch zeitweise Verfolgte bei sich, für die sie Monteuranzüge bereit gehalten haben soll, um sie im Notfall als Handwerker tarnen zu können. Als ihr Helferkreis im Herbst 1943 denunziert wurde, blieb die Beteiligung Staewens unentdeckt. Sie überlebte das „Dritte Reich" und arbeitete nach Kriegsende als Sozialpädagogin in der Justizvollzugsanstalt Berlin-Tegel, wo sie als „Engel der Gefangenen" verehrt wurde.

ILSE STÖBE
Sekretärin, Journalistin
*1911 Berlin; †1942 Berlin

Nach Kriegsende wurde die Widerstandskämpferin Ilse Stöbe, die zuletzt im Berliner Auswärtigen Amt gearbeitet hatte, lange Zeit ignoriert – in der Bundesrepublik, weil sie Kommunistin war, und in der DDR, weil ihr einstiger Lebensgefährte Rudolf Herrnstadt, damals Chefredakteur der SED-treuen Zeitung „Neues Deutschland", die Richtung seiner Partei kritisiert hatte. Erst 2014, 72 Jahre nach ihrer Hinrichtung, wurde ihr Name auf einer zum Gedenken an die Widerstandskämpfer des Auswärtigen Amtes angebrachten Erinnerungstafel im heutigen Sitz der Behörde am Werderschen Markt nachgetragen.

Stöbe, die Tochter eines Tischlers und einer Näherin aus Berlin-Lichtenberg, muss eine außergewöhnliche junge Frau gewesen sein. Viele angesehene Männer interessierten sich für sie. Herrnstadt, Kommunist aus jüdischem Elternhaus, hatte sie Anfang der Dreißigerjahre beim liberalen „Berliner Tageblatt" kennengelernt, wo sie als Sekretärin für den bekannten Chefredakteur Theodor Wolff arbeitete, der fasziniert von ihr war. Auch er war Jude, 1933 floh er vor den Nazis ins Ausland.

Stöbe war auch journalistisch tätig, dabei besaß sie politischen Weitblick. „Haltet die Augen offen", sagte sie, „und macht Euch nichts vor." Durch Herrnstadt kam sie schließlich zu ihrer Spionagetätigkeit für den sowjetischen Militärnachrichtendienst „GRU", der sie als Kurierin nach Österreich, Frankreich, in die Schweiz, die Tschechoslowakei und nach Rumänien schickte. Ab November 1935 lebte das Paar in Warschau, von wo aus er weiter für das „Berliner Tageblatt" schrieb und sie für die „Neue Zürcher Zeitung" berichtete. Als Kulturreferentin der Frauenschaft der NSDAP-Auslandsorganisation verschaffte sie sich zugleich Zugang zu deutschen Diplomatenkreisen, um an relevante Informationen zu kommen.

Während Herrnstadt zu Beginn des Zweiten Weltkriegs ins Exil nach Moskau ging, kehrte Stöbe nach Berlin zurück und wurde im Mai 1940 Sekretärin in der Informationsabteilung des Auswärtigen Amts in der Berliner Wilhelmstraße, die ihr Freund Rudolf von Scheliha leitete, ein ehemaliger Legationssekretär an der Deutschen Botschaft in Warschau und, wie sie, „GRU"-Agent. Unter dem Decknamen „Alta" spielte sie dem sowjetischen Militärnachrichtendienst Informationen über die deutschen Kriegsvorbereitungen aus ihrer Dienststelle zu. Wie Harro Schulze-Boysen, der führende Vertreter des Widerstandsnetzwerks „Rote Kapelle", warnte sie die Sowjetunion im Frühjahr 1941 vor dem drohenden Angriffskrieg der deutschen Wehrmacht, der mit der Offensive „Unternehmen Barbarossa" bereits Ende Juni Realität wurde.

Im Sommer 1942 gelang es der deutschen Abwehr, eine sowjetische Funkmeldung mit den Klarnamen einiger Mitglieder der „Roten Kapelle" und ihres Umkreises abzufangen. Eine großangelegte Verhaftungswelle rollte an. Auch der Name Ilse Stöbe war aufgetaucht. Am 12. September 1942 wurden sie und ihr neuer Lebensgefährte Carl Helfrich – Journalist, Mitarbeiter im Auswärtigen Amt und ebenfalls „GRU"-Agent – in der gemeinsamen Wohnung im Berliner Westend, Ahornallee 48, festgenommen. Helfrich kam in das KZ Sachsenhausen und später ins KZ Mauthausen bei Linz, wo er Anfang Mai 1945 das Kriegsende erlebte. Stöbe war damals in das Polizeigefängnis am Berliner Alexanderplatz gebracht worden, in dem auch zahlreiche Frauen der „Roten Kapelle" einsaßen. Drei Monate später wurde sie durch das Reichskriegsgericht zum Tod verurteilt und, erst 31 Jahre alt, am 22. Dezember 1942 mit ihrem ehemaligen Vorgesetzten Scheliha, Harro und Libertas Schulze-Boysen und weiteren Verbündeten im Strafgefängnis Berlin-Plötzensee hingerichtet.

GABRIELE TERGIT

eigentl. Elise Hirschmann, verh. Reifenberg
Journalistin, Gerichtsreporterin, Schriftstellerin
*1894 Berlin; †1982 London

„Unsichtbar stand ein großes Hakenkreuz vor dem Richtertisch",
schrieb sie am 25. März 1927 erbittert über einen Prozess gegen
Mitglieder der rechtsradikalen „Schwarzen Reichswehr". Gabriele
Tergit, Tochter eines jüdisch-assimilierten Berliner Unternehmers
und eine der ersten promovierten Historikerinnen ihrer Generation, gehörte zu den wenigen Journalistinnen, die sich im Pressewe-
sen der Zwanzigerjahre durchsetzen konnten. Sie arbeitete für die
„Vossische Zeitung", den „Berliner Börsen-Curier" und die links-li-
berale Wochenzeitung „Die Weltbühne". Ab 1924 war sie beim renommierten „Berliner Tageblatt" fest angestellt. Sie schrieb Feuil-
letons, Rezensionen, Reiseberichte und Reportagen über „Berliner
Existenzen". Bald machte sie Karriere als erste Gerichtsreporterin
Berlins. Mit Verständnis für die „kleinen Leute" berichtete sie aus
dem berühmten Kriminalgericht in Berlin-Moabit – ein „Ort der
Männer", wie sie sagte – über kleinere und größere Delikte, d. h.
Betrug, Diebstahl, Unterschlagung, Urkundenfälschung, Beleidigung, Heiratsschwindel, Hochstapelei, Prostituierte, Abtreibungs-
prozesse oder Eifersuchtsdramen: „Wer schießt aus Liebe?"

Im Kriminalgericht verfolgte Tergit auch brisante politische
Prozesse. Dabei beobachtete sie den bereits in den Zwanzigerjahren unaufhaltsam beginnenden Aufstieg der Nationalsozialisten, den sie immer wieder mit beißender Ironie kommentierte. In
ihren zugespitzten, hervorragend lesbaren Reportagen berichtete
sie über den latenten Bürgerkrieg junger Nazirowdies, die „Fort-
setzung des Straßenkampfes mit anderen Mitteln" vor Gericht und

vor allem über die wachsende Ohnmacht und Gleichgültigkeit der Richter, nicht nur vor der „Schwarzen Reichswehr", sondern auch vor Fememördern und „völkischen Helden": „(…) erschreckend war diese Verhandlung durch die Dreistigkeit (…) der Herren Angeklagten und der Wortlosigkeit des Landgerichtsdirektors [Walter] Tölke ihnen gegenüber", heißt es nach einer Gerichtsverhandlung im Jahr 1926.

Ebenso scharf urteilte sie vier Jahre später über den Prozess gegen einige Nazischläger, die einen Berliner Zeitungshändler ermordet hatten, weil er kommunistische Zeitungen verkauft hatte. Der Haupttäter wurde zu nur fünf Jahren Gefängnis verurteilt, die anderen Beteiligten erhielten noch kürzere Haftstrafen. In ihrer Reportage „Nach dem Urteil" vom 17. Juli 1930 schreibt Tergit dazu: „Eine der scheußlichsten Taten, die je in Moabit zur Verhandlung standen, war die Jagd der Nationalsozialisten auf Heimbürger. Dieser sehr jüdisch aussehende Zeitungshändler wurde erst erstochen und, totwund, noch einmal erschlagen. Der Stecher hat sich seiner Tat gerühmt. (…) und wir kennen nicht wenige Fälle, in denen wir so außerordentliche Milde des Gerichts bisher gesehen hätten und sehen würden, als gegenüber so außerordentlicher Rohheit. (…) So zart kann man das Faustrecht, das sich in Deutschland ausbreitet, nicht bekämpfen."

Über einen ähnlichen Prozess berichtete sie unter der Überschrift „Freigesprochen" am 11. Oktober 1932 in der „Weltbühne": „(…) unbeirrt, gebannt den Verstand auf die Tatsache gerichtet, daß nur Nationalsozialisten verwundet und getötet wurden, geht die Untersuchung davon aus, daß nur Kommunisten geschossen haben können". „Wilhelm der Dritte erscheint in Moabit" hieß ihre Reportage, in der sie auch die zunehmende Prominenz Adolf Hitlers sarkastisch beschrieb. Nicht wie ein Angeklagter, sondern wie ein Herrscher mit seiner Entourage hatte dieser Ende Januar 1932, fast genau ein Jahr vor seiner Ernennung zum Reichskanzler, den Verhandlungssaal des Kriminalgerichts betreten. SA-Führer Walter Stennes hatte ihn verklagt, weil ihn Hitler im „Völkischen Beobachter" als „Polizeispitzel" bezeichnet hatte. Der Prozess war eine Farce. Nach seiner Erklärung, mit dem Zeitungsartikel nichts zu tun gehabt haben, konnte Hitler das Gericht unbehelligt wieder verlassen.

1931 wurde Tergit mit „Käsebier erobert den Kurfürstendamm", einer pointierten und witzigen Romansatire auf Sensationspresse, skrupellose Unternehmer und die versnobte „bessere" Gesellschaft, auch als Literatin bekannt. „Tempo, Schlagzeile, Sensation, das wollen die Leute", heißt es darin. „Amüsement. Jeden Tag eine andere Sensation, groß aufgemacht. (...) eine Sache der Suggestion und nicht der Leistung." In ihren Erinnerungen schreibt sie ironisch: „Das hat sich ja auch erwiesen, als dann Herr Goebbels [Joseph Goebbels, ab 1933 NS-Reichsminister für „Volksaufklärung und Propaganda"] dieses Ministerium für Reklame aufgemacht hat, Propagandaministerium: Ministerium für Reklame. Wenn die Nazis das nicht begriffen hätten, wären sie ja nie zur Regierung gekommen."

Nach der Machtübernahme Hitlers wurde es für Tergit in Deutschland gefährlich. „Nun kennen wir also auch diese miese Jüdin", hatte Goebbels bereits 1931 im NS-Kampfblatt „Der Angriff" geschrieben, nachdem er ein Foto von ihr im „Berliner Tageblatt" gesehen hatte. „Ich hatte dauernd über Naziprozesse berichtet und war also vor allen Dingen dem Sturm 33 [berüchtigter Berliner SA-Sturm] ein Dorn im Auge, weil ich dessen Totschlagekünste mitgeteilt habe", so Tergit. Die Rache erfolgte im Frühjahr 1933, an ihrem 39. Geburtstag: „Am 4. März gegen fünf Uhr morgens", schreibt sie in ihren unter dem Titel „Etwas Seltenes überhaupt" 1983 posthum erschienenen Erinnerungen, „trommelte der Sturm 33 an unsere Wohnungstür." Ihr Mann, der Architekt Heinz Reifenberg, konnte die SA-Männer beherzt am Eindringen in die Wohnung hindern und Tergit wenige Stunden später mit dem Auto in das tschechische Spindlermühle fahren. Einige Wochen darauf folgte er gemeinsam mit dem kleinen Sohn Peter und Tergits Eltern. Ihrem Vater Siegfried Hirschmann, Gründer des Kabelwerks Hirschmann & Co. in Berlin-Rummelsburg, hatten die Nationalsozialisten inzwischen sein Unternehmen weggenommen.

Die Familie emigrierte im November 1933 nach Tel Aviv, ab 1938 lebte sie in London, wo Tergit als Sekretärin des PEN-Zentrums deutschsprachiger Autoren im Ausland tätig war. Im Exil entstand auch ihr zweiter Roman „Effingers", der das Schicksal einer jüdischen Familie zwischen 1878 und 1948 schildert – die „jüdischen Buddenbrooks", die auf ihrer persönlichen Familiengeschichte basieren. Sie fand dafür erst 1951 einen deutschen Verleger.

Tergit, die einst in Deutschland hatte bleiben wollen, um „der Historie" zuzusehen, behielt auch nach 1945 ihren Londoner Wohnsitz, denn die mangelnde Bereitschaft ihrer Landsleute, sich mit der „braunen" Vergangenheit auseinanderzusetzen, schockierte sie zutiefst. Vor dem Hamburger Landgericht beobachtete sie 1949 den Prozess gegen Veit Harlan, den Regisseur des NS-Propagandafilms „Jud Süß" (1939/40), ein antisemitisches Machwerk nach Lion Feuchtwangers Historienroman über Joseph Süß Oppenheimer, den Finanzberater des Württembergischen Herzogs Karl Alexander. Der Film hatte einst zu antijüdischen Aktionen in der Bevölkerung aufwiegeln sollen und wurde bis Kriegsende von Millionen Deutschen gesehen. Harlan, dem vorgeworfen wurde, damit zur Judenverfolgung und zu „Verbrechen gegen die Menschlichkeit" beigetragen zu haben, wurde in einem zweiten Prozess freigesprochen.

ELISABETH VON THADDEN

Pädagogin, Schulleiterin
*1890 Mohrungen/Ostpreußen (heute Morąg/Polen);
†1944 Berlin

Mit Politik hatte die tiefgläubige evangelische Christin Elisabeth
von Thadden eigentlich nichts zu tun. In einer menschenverach-
tenden Diktatur wie dem Hitlerregime allerdings wollte sie „barm-
herziger Samariter" sein. Dafür bezahlte sie mit ihrem Leben.

Die ostpreußische Landratstochter und ausgebildete Wohl-
fahrtspflegerin, die u. a. im berühmten Internat Schloss Salem am
Bodensee unterrichtet hatte, gründete 1927 auf Schloss Wieblingen
bei Heidelberg ein eigenes, 1939 in das bayerische Tutzing verlegtes
Landerziehungsheim für Mädchen. Trotz der religiösen Prägung
war es eine überaus liberale Schule. Elisabeth von Thadden war
kein dogmatischer Mensch. Die Schriftstellerin Ricarda Huch sagte
über sie: „Von Schulwissen, Pedanterie, Fadengradheit merkte man
nichts. Humor und Frohsinn machten sich bald geltend. Daß sie auf-
richtig fromm war, wußten ihre Freunde; ihre evangelische Überzeugung war ihr zu selbstverständlich, als daß sie sie hätte betonen
wollen. (…) Gläubigkeit war für sie so selbstverständlich wie die Liebe zum Vaterlande und zum eigenen Volke, etwas, das einem nicht
genommen werden kann, womit man lebt und stirbt."

Ihre Schülerinnen, zu denen auch im „Dritten Reich" weiter
Jüdinnen gehörten, lernten nicht nur Haushaltsführung und Säug-
lingspflege, sondern auch Volkswirtschaft, Geschichte und Fremd-
sprachen. Auch Sport und Gartenbau waren feste Bestandteile des
Unterrichts. Konzert- und Theaterbesuche sowie gemeinsame
Auslandsreisen sollten zusätzlich den geistigen Horizont der Schülerinnen erweitern. Und sie erzog sie „in aufrechtem Geist gegen

die Tyrannei", wie ihre Freundin, die Journalistin Nora Winkler von Kapp, später äußerte. Dabei gab sich von Thadden in der ersten Zeit nach außen hin durchaus konform zur nationalsozialistischen Ideologie. Im Schulprospekt schrieb sie von der entscheidenden „Mithilfe der Frau beim Neuaufbau Deutschlands". Doch es kam bald zu Schikanen und lächerlichen Denunzierungen, u. a., weil kein Hitlerbild in der Schule hing und nicht genügend Strümpfe für die Wehrmachtssoldaten an der Front gestrickt würden. 1941 wurde ihr die Schulleitung entzogen, da sie „keine ausreichende Gewähr für eine nationalsozialistische Erziehung" biete. Die Schule wurde verstaatlicht.

Von Thadden ging als Mitarbeiterin des Roten Kreuzes nach Berlin, wo sie sich in der oppositionellen „Bekennenden Kirche" um Pfarrer Martin Niemöller engagierte und im regimekritischen Gesprächs- und Helferkreis von Johanna Solf verkehrte. Auf die Empfehlung einer Freundin vertrauend, lud sie zur Geburtstagsfeier ihrer Schwester Anza am 10. September 1943, neben ihren Freundinnen und Freunden, auch den Arzt Paul Reckzeh ein – ein Gestapo-Spitzel, der den „Solf-Kreis" anschließend denunzierte.

Von Thadden, inzwischen für das Rote Kreuz in Frankreich tätig, wurde am 12. Januar 1944 in Meaux nahe Paris verhaftet und in das brandenburgische Frauenkonzentrationslager Ravensbrück gebracht, in dem u. a. auch ihre Freundinnen und Weggefährtinnen Johanna Solf und deren Tochter Lagi Gräfin von Ballestrem eingesperrt waren. Eine lange, qualvolle Haftzeit mit ständigen Verhören folgte. Der NS-Volksgerichtshof verhängte schließlich die Todesstrafe, weil sie durch Äußerungen wie „siegen können wir nicht mehr" die Wehrkraft beeinträchtigt habe. In einem Abschiedsbrief schrieb von Thadden, die furchtbar darunter litt, ihren Freundeskreis ungewollt der Gestapo ausgeliefert zu haben: „Mir ist kein Wort entschlüpft, was andere belastet hätte." Am 8. September 1944 starb sie in der Hinrichtungsstätte Berlin-Plötzensee unter der Guillotine.

MARGARETE VON TROTHA

geb. Bartelt
Erzieherin, Volkswirtin
*1907 Wilhelmshaven; †1995 vermutlich Berlin

Nicht nur ihre Intelligenz, auch ihre große Willensstärke ver-
lieh Margarete von Trotha die Fähigkeit, sich im Widerstand zu
engagieren. Bereits als Schülerin war die Tochter des Wilhelms-
havener Oberbürgermeisters Emil Bartelt in den Hungerstreik ge-
treten, um Abitur machen zu dürfen, das ihr Vater „für Mädchen
zu anstrengend" fand. Sie konnte ihm seine Zustimmung damals
allerdings nicht abringen, machte die Mittlere Reife und wurde Erzieherin. Im Anschluss holte sie jedoch das Abitur nach, studierte
Volkswirtschaft und promovierte. An der Universität in Frankfurt
am Main lernte sie den gleichaltrigen Juristen und Volkswirt Carl
Dietrich von Trotha kennen. Beide besaßen die gleichen Wertvorstellungen: ein christliches geprägtes Menschenbild und soziales
Bewusstsein. 1933 heirateten sie und bekamen später vier Söhne.

Ihr Mann, der zur Tarnung in die NSDAP eingetreten war, arbeitete ab 1936 im Reichswirtschaftsministerium. Hier konnte er Regimegegner schützen, indem er sie an seine Dienststelle holte. Den
„deutschen Gruß" vermied er, auch das obligatorische Hitlerbild
fehlte in seinem Büro. Bald fand er zum oppositionellen „Kreisauer
Kreis", in dem Politiker und Gewerkschafter, Juristen, Wirtschaftsex-
perten, Geistliche und Militärs es sich zur Aufgabe gemacht hatten,
Konzepte für ein demokratisches Deutschland nach dem Sturz des
NS-Regimes zu entwerfen. Im Unterschied zu den anderen Ehefrau-
en der Verschwörer war Margarete von Trotha nicht nur Mitwisserin,
sondern „die einzige Frau, die auch mitgeplant hat", wie Freya von
Moltke 2004 in einem Interview anerkennend betonte. Sie engagier-

te sich in der Arbeitsgruppe für Wirtschaftsfragen, die häufig in der Wohnung der Trothas in Berlin-Lichterfelde zusammenkam. Mit ihrem Mann und dem gemeinsamen Freund, dem Juristen Horst von Einsiedel, arbeitete sie an wirtschaftspolitischen Konzepten im Sinne einer staatlich gelenkten, christlich geprägten sozialen Marktwirtschaft für die Zukunft Deutschlands. „Wie keine der anderen Frauen wirkte Margarete von Trotha konzeptionell an der Arbeit des Kreisauer Kreises mit. Ihr kommt eine Sonderrolle zu, weil sie einen eigenständigen Beitrag zum Wirtschaftsprogramm des Kreises leistet, der Anlaß dazu gibt, sie neben ihrem Mann und Horst von Einsiedel als Mitglied in den Kreisauer Kreis einzureihen." (Nina von Plettenberg)

Nach dem gescheiterten Hitler-Attentat durch Oberst Claus Schenk Graf von Stauffenberg am 20. Juli 1944 wurden viele „Kreisauer" verhaftet und hingerichtet, unter ihnen auch Helmuth James Graf von Moltke, ein Cousin und enger Vertrauter Carl Dietrich von Trothas. Wie durch ein Wunder blieb das Ehepaar von Trotha in Freiheit und überlebte das „Dritte Reich". Warum sie, trotz umfassender Gestapo-Ermittlungen, damals unentdeckt geblieben waren, ist bis heute unklar. Möglicherweise, weil sie an den drei mehrtägigen Haupttreffen der Gruppe auf dem namensgebenden schlesischen Gut Kreisau, das zum Landbesitz Moltkes gehörte, nicht teilgenommen hatten.

Margarete von Trotha unterrichtete bis 1967 Staatsbürgerkunde für angehende Erzieherinnen am Berliner Pestalozzi-Fröbel-Haus, an dem sie bereits zwischen 1939 und 1942 gearbeitet hatte. Später engagierte sie sich für die „Aktion Sühnezeichen", die sich die Aussöhnung mit den Völkern, die unter dem NS-Regime gelitten hatten, zur Aufgabe gemacht hatte. Ihr Mann, der nach dem Krieg an der Deutschen Hochschule für Politik in Berlin gelehrt hatte, war bereits 1952 während eines USA-Aufenthalts tödlich verunglückt, als er beim nächtlichen Schwimmen von einem Motorboot angefahren wurde.

MARION GRÄFIN YORCK VON WARTENBURG

geb. Winter
Juristin, Richterin
*1904 Berlin; †2007 Berlin

Marion Gräfin Yorck von Wartenburg wuchs mit fünf Geschwistern im noblen Berliner Bezirk Grunewald auf, ihr Vater Franz Winter war Generalverwaltungsdirektor der Königlichen Bühnen in Berlin. Im Grunewald hatten die Winters Umgang mit der humanistisch geprägten Familie Bonhoeffer, die im NS-Widerstand eine prägende Rolle spielen sollte. Am dortigen Grunewald-Gymnasium (heute Walther-Rathenau-Gymnasium) war Marion Winter die Klassenkameradin und Freundin des späteren Pfarrers und prominenten Widerstandskämpfers Dietrich Bonhoeffer. Ihre eigene Familie empfand sich zwar als unpolitisch, fürchtete Hitler jedoch als „drohendes Ereignis".

Marion Winter studierte Jura und promovierte sogar, übte ihren Beruf jedoch nicht aus, sondern heiratete im Mai 1930 den gleichaltrigen Juristen Peter Graf Yorck von Wartenburg, den sie im April 1928 bei einer Hochzeitsfeier auf dem schlesischen Gut Köckritz kennengelernt hatte. Sie fand sich gut ein in dessen große, aus altem preußischem Militäradel stammende Familie. Mit seinen drei Brüdern und sechs Schwestern verstand sie sich sogar fast besser als mit ihrer eigenen Familie, wie sie in ihren Erinnerungen berichtet. Während des Zweiten Weltkriegs verwaltete sie zeitweise das zum umfangreichen schlesischen Grundbesitz der Yorcks gehörende Gut Kauern (heute Kurznie / Polen), weil sie als kinderlose Frau sonst „womöglich in einer Munitionsfabrik hätte arbeiten müssen".

Ihr Mann, der seit 1934 im Staatsdienst tätig war, stand damals der konservativen Deutschnationalen Volkspartei nahe und sympathisierte anfangs sogar mit der NSDAP. Später weigerte er sich jedoch, Parteimitglied zu werden. Eine weitere Karriere als hoher juristischer Beamter war ihm damit verwehrt. Er blieb jedoch im Staatsdienst beschäftigt, 1938 wurde er Oberregierungsrat, 1943 in das Wehrwirtschaftsamt berufen. Längst war ihm der Nationalsozialismus zuwider. Er kritisierte die politische „Gleichschaltung", die immer weiter wachsende Rechtlosigkeit und die Gewalt im „Dritten Reich". In den Widerstand fand er schließlich vor allem, „um diesem entsetzlichen Morden an den Juden und dem Krieg überhaupt ein Ende zu setzen", schrieb Marion Yorck in späteren Jahren. Die ebenfalls auf Distanz zum Regime gegangenen Juristen Adam von Trott zu Solz und Helmuth James Graf von Moltke, mit dem er entfernt verwandt war, wurden seine engsten Freunde und Mitstreiter. Mit ihnen gehört Peter Yorck heute zu den prominentesten Widerstandskämpfern aus Adelskreisen. Aus der kleinen Gruppe Gleichgesinnter entwickelte sich der heterogene „Kreisauer Kreis", der schließlich Persönlichkeiten ganz unterschiedlicher gesellschaftlicher Zugehörigkeit, Weltanschauung sowie politischer und religiöser Überzeugungen umfasste. Ob Politiker, Jurist, Theologe oder Gewerkschafter – jeder von ihnen trug seine Vorschläge für ein Deutschland nach dem Untergang des „Dritten Reichs" bei. „Es wurden Aufgaben verteilt, die sich mit Einzelfragen zu dem grossen Thema befassten: Wie kann eine neue deutsche Demokratie funktionieren? Wie kann man aus den Deutschen Demokraten machen?", schreibt Freya von Moltke rückblickend.

In den folgenden Jahren trafen sich die Verschwörer an insgesamt drei Wochenenden auf Moltkes namensgebendem schlesischem Gut Kreisau. Gelegentlich fanden auch Treffen in dessen kleiner Wohnung in der Derfflingerstraße 10 in Berlin-Tiergarten statt, zu denen es dann Lebensmittel aus dem Gutsanbau gab. Die „Hauptarbeit" fand allerdings in Yorcks Haus in Berlin-Lichterfelde, Hortensienstraße 50, statt, so Freya von Moltke. Das kleine Reihenhaus im Süden Berlins, nahe am Botanischen Garten gelegen, bewohnte das Ehepaar Yorck nach einigen in Breslau verbrachten Jahren seit 1937.

Über sich und die anderen Frauen des „Kreisauer Kreises" berichtete Marion York später: „Eine sichtbare Rolle haben die Frauen dabei nicht gespielt. Freya und ich waren immer dabei. (…) Manchmal habe ich mir Stichworte aufgeschrieben, die ich abends meinem Mann vortrug, so daß wir die eine oder andere Frage gemeinsam weiter vertiefen konnten. (…) Widerstand war für mich in erster Linie Teil der Beziehung zu meinem Mann." Sie überbrachte allerdings persönlich geheime Nachrichten an Verbündete, die man aus Sicherheitsgründen nicht telefonisch mitteilen wollte. So suchte sie den Sozialdemokraten Julius Leber auf, dessen Kohlenhandlung in Berlin-Schöneberg als weiterer konspirativer Treffpunkt des Kreises diente.

Am 17. Januar 1944 fand bei den Yorcks eine erste Hausdurchsuchung durch die Gestapo statt, nachdem Moltke, der nach Ausbombung seiner Berliner Wohnung zuletzt bei den Yorcks gewohnt hatte, verhaftet worden war. Unmittelbar nach dem Scheitern des Hitler-Attentats durch Oberst Claus Schenk Graf von Stauffenberg am 20. Juli 1944, in dessen Vorbereitungen er umfassend eingeweiht gewesen war, wurde auch Peter Yorck festgenommen. Noch am Vortag hatte seine Frau mit ihm an der Hochzeit einer Verwandten in Weimar teilgenommen. Er war jedoch noch in derselben Nacht nach Berlin zurückgekehrt – in der Annahme, dass Hitler tot sei und der Staatsstreich durchgeführt werden könne.

Marion Yorck sah ihren Mann in Freiheit nicht wieder. Als Mitverschwörer des „20. Juli" stand er am 8. August 1944 in einem

Schauprozess des NS-Volksgerichtshofs vor „Blutrichter" Roland Freisler im Kammergerichtsgebäude am Berliner Kleistpark. Sie verfolgte das Geschehen vom Wachtmeisterraum aus, in den sie ein Aufseher hineingelassen hatte. Peter Yorck wurde zum Tod verurteilt und noch am selben Tag gehängt. Vergeblich hatte sie sich „bei hochgestellten Männern des Regimes" für ihn eingesetzt. Zwei Tage später kam sie selbst in Haft. Erst dort erfuhr sie von Gefängnispfarrer Harald Poelchau, der zum „Kreisauer Kreis" gehörte, von den letzten Stunden ihres Manns. Er war an einem der Fleischerhaken gehängt worden, die Hitler für seine erbittertsten Feinde in der Hinrichtungsbaracke des Strafgefängnisses Berlin-Plötzensee eigens hatte anbringen lassen, um sie einen besonders qualvollen Tod sterben zu lassen. Drei Monate später wurde Marion Yorck wieder aus dem Untersuchungsgefängnis Berlin-Moabit entlassen, stand aber plötzlich allein und mittellos da. Wohnhaus und Vermögen waren beschlagnahmt worden.

Nach dem Krieg machte sie als Juristin Karriere. Siebzehn Jahre lang war sie Richterin an der 9. Großen Jugendstrafkammer in Berlin, denn es war damals schwierig, vom Nationalsozialismus unbelastete männliche Kollegen zu finden. Sie trat für ehemalige NS-Verfolgte ein, verhängte aber zugleich aufsehenerregend harte Strafen gegen Homosexuelle. Ihre Gerichtsverhandlungen sorgten nicht selten für Schlagzeilen.

Wie viele „Frauen des 20. Juli" schwieg Marion Yorck, die später in dem Juristen und CDU-Politiker Ulrich Biel einen neuen Lebensgefährten gefunden hatte, lange über die Vergangenheit. Erst 1984, in ihrem Buch „Die Stärke der Stille", äußerte sie sich ausführlich über die Ereignisse im „Dritten Reich". „In früheren Jahren habe ich überhaupt nicht darüber gesprochen, weil ich eine gewisse Angst davor hatte, gekränkt zu werden. Man wußte ja nie, wie die Leute reagieren; für viele waren wir ja nichts anderes als „Verräter-Frauen".

CLARA ZETKIN

geb. Eißner
KPD-Politikerin, Journalistin, Pädagogin
*1857 Wiederau/Sachsen (heute zu Königshain);
†1933 Archangelskoje bei Moskau

Bereits ihre kommunistischen Ideale prädestinierten Clara Zetkin zur Opposition gegen den Nationalsozialismus. Neben ihrer bereits Anfang 1919 ermordeten Weggefährtin Rosa Luxemburg gehörte die ausgebildete Lehrerin zu den wenigen weiblichen Leitfiguren der Kommunistischen Partei Deutschlands – die Partei, die die Nationalsozialisten später am schärfsten verfolgten. Und sie war kampferprobt. Schon lange vor Gründung der KPD im Jahr 1919 war Zetkin, die als redegewandt und durchsetzungsfähig galt, mit allen persönlichen Konsequenzen in der politischen Linken aktiv gewesen. Als Mitglied der Sozialistischen Arbeiterpartei (seit 1890 Sozialdemokratische Partei Deutschlands) und Mitbegründerin des Spartakusbundes im Jahr 1916 hatte sie bereits im Kaiserreich die Verfolgung ihrer Genossen miterlebt und selbst vier Monate lang in Haft gesessen. Ihrem Lebensgefährten, dem aus Deutschland ausgewiesenen russischen Sozialisten Ossip Zetkin, war sie 1882 ins Pariser Exil gefolgt und, nach seinem frühen Tod im Alter von nur 39 Jahren, mit ihren Söhnen Maxim und Konstantin neun Jahre später nach Deutschland zurückgekehrt. Sie ließ sich in Stuttgart nieder und heiratete 1899 den 18 Jahre jüngeren Maler Friedrich Zundel, von dem sie 1928 wieder geschieden wurde.

Allen privaten Schwierigkeiten zum Trotz arbeitete Zetkin mit ganzem Einsatz für ihre politischen Ideale. Von 1920 bis 1933 saß sie als Abgeordnete ihrer Partei im Berliner Reichstag. Sie unternahm Vortragsreisen, sprach auf Parteiveranstaltungen und verfasste Bücher, darunter „Lenins Vermächtnis für die Frauen der Welt". Zugleich war sie Redakteurin der Arbeiterinnenzeitschriften „Die Gleichheit", „Die Kommunistin" und „Die Kommunistische Fraueninternationale". Die gesellschaftliche Gleichstellung der Frauen zu erreichen, war eines ihrer größten Anliegen.

Lange vor 1933 hatte Zetkin den „Wahnglauben" der Massen erkannt, „ein einziger könne als wundertätiger Retter für sie handeln und sie von ihrem peinigenden Elend befreien." Als Alterspräsidentin des Deutschen Reichstags rief die damals 75-jährige, bereits durch Krankheit geschwächte Politikerin anlässlich der Eröffnung des neugewählten 6. Reichstags am 30. August 1932 ein letztes Mal eindringlich zu einem Linksbündnis gegen die Nationalsozialisten auf: „Das Gebot der Stunde ist die Einheitsfront aller Werktätigen, um den Faschismus zurückzuwerfen, um damit den Versklavten und Ausgebeuteten die Kraft und die Macht ihrer Organisationen zu erhalten, ja sogar ihr physisches Leben. Vor dieser zwingenden geschichtlichen Notwendigkeit müssen alle fesselnden und trennenden politischen, gewerkschaftlichen, religiösen und weltanschaulichen Einstellungen zurücktreten."

Es war der letzte demokratische Reichstag, vor dem Zetkin sprach. Ihr Appell blieb folgenlos. Da die NSDAP schon damals die stärkste Fraktion bildete, ging die Präsidentschaft an den späteren NS-Reichsmarschall Hermann Göring über, der seit 1928 als Abgeordneter der Nationalsozialisten im Reichstag saß. Fünf Monate später war Hitler Reichskanzler und Deutschland zügig auf dem Weg zur Diktatur.

Zetkin, die bis zuletzt unermüdlich für ihre Partei gearbeitet hatte, erlebte die nationalsozialistische Diktatur, die Zerschlagung ihrer Partei und die grausame Verfolgung ihrer Genossen nicht mehr. Sie starb am 20. Juni 1933 in Archangelskoje bei Moskau. Ihr heute als Gedenkstätte eingerichtetes Haus in der

Summter Straße 4 in Birkenwerder bei Berlin, das sie während der Sitzungsperioden im Reichstag bewohnt hatte, wurde mitsamt ihrer dort verbliebenen Bücher und Schriften von der Gestapo konfisziert.

ANHANG

VERWENDETE LITERATUR UND QUELLEN

Andresen, Geertje: Oda Schottmüller. Die Tänzerin, Bildhauerin und Nazigegnerin Oda Schottmüller (1905–1943), Berlin 2005

Andreas-Friedrich, Ruth: Der Schattenmann. Schauplatz Berlin – Tagebuchaufzeichnungen 1938–1948, Frankfurt am Main 2020 (Erstausgabe 1947/48)

Basse, Nicolas: Furchtlosigkeit, Fluchthilfe, Flugschriften – Die Geschichte von Else Blochwitz, Berlin 2023 (online)

Beyer, Anna: Politik ist mein Leben – Autobiographie, hrsg. von Ursula Lücking, Frankfurt am Main 1991

Benz, Wolfgang: Der deutsche Widerstand gegen Hitler, München 2014

Benz, Wolfgang: Im Widerstand. Größe und Scheitern der Opposition gegen Hitler, München 2019

Benz, Wolfgang: Protest und Menschlichkeit – Die Widerstandsgruppe „Onkel Emil" im Nationalsozialismus, Ditzingen 2020

Bonhoeffer, Emmi: Zeugen im Auschwitz-Prozess – Begegnungen und Gedanken, Wuppertal 1965

Brüning, Jens (Hg.): Gabriele Tergit. Wer schießt aus Liebe? Gerichtsreportagen, Berlin 1999

Blair Brysac, Shareen: Mildred Harnack und „Die rote Kapelle" – Die Geschichte einer ungewöhnlichen Frau und einer Widerstandsbewegung, München 2003

Coppi, Hans u. a.: Die Rote Kapelle im Widerstand gegen den Nationalsozialismus, Berlin 1994

Coppi, Hans / Heinz, Stefan (Hg.): Der vergessene Widerstand der Arbeiter. Gewerkschafter, Kommunisten, Sozialdemokraten, Trotzkisten, Anarchisten und Zwangsarbeiter, Berlin 2012

Coppi, Hans / Kebir, Sabine: Ilse Stöbe – Wieder im Amt. Eine Widerstandskämpferin in der Wilhelmstraße, Hamburg 2013

Deutschkron, Inge: Ich trug den gelben Stern, Köln 1978

Dodd, Martha: Nice to meet you, Mr. Hitler! Meine Jahre in Deutschland 1933 bis 1937, Frankfurt am Main 2005

Dönhoff, Marion Gräfin: Um der Ehre willen – Erinnerungen an die Freunde vom 20. Juli, Berlin 1994

Enzensberger, Hans Magnus: Hammerstein oder Der Eigensinn – Eine deutsche Geschichte, Frankfurt am Main 2008

Fischer-Appelt, Peter: Weiße Rose Hamburg – Drei Reden zum Widerstand im Nationalsozialismus, Hamburg 2021

Flesch-Thebesius, Marlies: Zu den Außenseitern gestellt – Die Geschichte der Gertrud Staewen 1894–1987, Berlin 2004

Föllmer, Moritz: „Ein Leben wie im Traum". Kultur im Dritten Reich, München 2016

Fraenkel, Daniel / Borut, Jakob (Hg.): Lexikon der Gerechten unter den Völkern – Deutsche und Österreicher, Göttingen 2005

Friedrich, Karin: Zeitfunken – Biografie einer Familie, München 2000

Fromm, Bella: Als Hitler mir die Hand küsste, Berlin 1993

Geyken, Frauke: Wir standen nicht abseits – Frauen im Widerstand gegen Hitler, München 2014

Grabner, Sigrid/Röder, Hendrik (Hg.): Emmi Bonhoeffer – Bewegende Zeugnisse eines mutigen Lebens, Reinbek 2006

Groschupf, Johannes: Ehepaar Hampel allein in Berlin, in: Die Zeit, 16. April 2011

Hannemann, Simone: Robert Havemann und die Widerstandsgruppe „Europäische Union", Berlin 2001

Heye, Uwe-Karsten: Die Benjamins – Eine deutsche Familie, Berlin 2014

Hortzschansky, Ruth/ Hortzschansky, Günter: Judith Auer – Möge alles Schmerzliche nicht umsonst gewesen sein, Berlin 2017

Kettelhake, Silke: „Erzähl allen, allen von mir!" Das schöne kurze Leben der Libertas Schulze-Boysen 1913–1942, München 2008

Klemperer, Victor: Ich will Zeugnis ablegen bis zum Letzten – Tagebücher 1933–1945, hrsg. von Walter Nowojski unter Mitarbeit von Hadwig Klemperer, Berlin 1995

Klöckner-Dragas, Uwe: Lilian Harvey, Berlin 1999

Kopitzsch, Franklin/Brietzke, Dirk (Hg.): Hamburgische Biografie – Personenlexikon (8 Bde.), Hamburg, Göttingen 2001ff.

Kollwitz, Käthe: Die Tagebücher, hrsg. von Jutta Bohnke-Kollwitz, Berlin 1989

Kruse, Christiane: Macht, Ohnmacht, Widerstand. Frauen in der Zeit des Nationalsozialismus – 50 Porträts, Berlin 2019

Kruse, Christiane: Berlin 1933 – Verfolgung, Emigration, Karrieren, Berlin 2021

Greta Kuckhoff: Vom Rosenkranz zur Roten Kapelle – Ein Lebensbericht, Berlin, 1972

Leber, Annedore (Hg.): Das Gewissen steht auf – 64 Lebensbilder aus dem deutschen Widerstand 1933–1945, Berlin 1954

Maltzan, Maria Gräfin von: Schlage die Trommel und fürchte dich nicht – Erinnerungen, Berlin 1986

May, Ulrike/Mühlleitner, Elke (Hg.): Edith Jacobson, Gießen 2005

Meding, Dorothee von: Mit dem Mut des Herzens – Die Frauen des 20. Juli, Berlin 1992

Möckelmann, Reiner: Hannah von Bredow – Bismarcks furchtlose Enkelin gegen Hitler, Darmstadt 2018

Moltke, Freya von: Briefe an Freya 1939–1945, München 1988

Moltke, Freya von: Helmuth James und Freya von Moltke. Abschiedsbriefe Gefängnis Tegel September 1944–Januar 1945, München 2011

Moltke, Freya von: Erinnerungen an Kreisau 1930–1945, München 1997

Nelson, Anne: Die Rote Kapelle – Die Geschichte einer legendären Widerstandsgruppe, München 2010

Neumann, Annette/Schindler-Saefkow, Bärbel: Die Saefkow-Jacob-Bästlein-Organisation 1942 bis 1945, in: Coppi, Hans/Heinz, Stefan (Hg.): Der vergessene Widerstand der Arbeiter, Gewerkschafter, Kommunisten, Sozialdemokraten, Trotzkisten, Anarchisten und Zwangsarbeiter, Berlin 2012

Paasche, Gottfried: Hammersteins Töchter. Eine Adelsfamilie zwischen Tradition und Widerstand, Berlin 2022

Paul, Elfriede: Ein Sprechzimmer der Roten Kapelle, Berlin 1987

Puschnerat, Tania: Clara Zetkin. Bürgerlichkeit und Marxismus - Eine Biographie, Essen 2003

Schad, Martha: Frauen gegen Hitler – vergessene Widerstandskämpferinnen im Nationalsozialismus, München 2010

Schilde, Kurt: Eva-Maria Buch und die Rote Kapelle. Erinnerung an den Widerstand gegen den Nationalsozialismus, Berlin, 2. Auflage 1993

Schlier, Paula: Petras Aufzeichnungen oder Konzept einer Jugend nach dem Diktat der Zeit, Innsbruck 1926

Schulthess, Konstanze von: Nina Schenk Gräfin von Stauffenberg – Ein Porträt, München 2008

Smid, Marikje: Hans von Dohnanyi – Christine Bonhoeffer. Eine Ehe im Widerstand, Gütersloh 2002

Steinbach, Peter/Tuchel, Johannes: Lexikon des Widerstandes 1933–1945, München, 2. Auflage 1998

Szepansky, Gerda: Frauen leisten Widerstand: 1933–1945. Lebensgeschichten nach Interviews und Dokumenten, Frankfurt am Main 2018

Tergit, Gabriele: Käsebier erobert den Kurfürstendamm, Berlin 1931

Tergit, Gabriele/Henneberg, Nicole: Etwas Seltenes überhaupt: Erinnerungen, Frankfurt am Main 1983

Thies, Heinrich: Fesche Lola, brave Liesel – Marlene Dietrich und ihre verleugnete Schwester, Hamburg 2017

Thies, Jochen: Die Dohnanyis – Eine Familienbiografie, Berlin 2004

Trotha, Klaus von: Carl Dietrich und Margarete von Trotha – Kreisau und der Kreisauer Kreis, Göttingen 2012 (Stuttgarter Stauffenberg-Gedächtnisvorlesung 2010)

Tuchel, Johannes (Hg.): Der vergessene Widerstand – Zu Realgeschichte und Wahrnehmung des Kampfes gegen die NS-Diktatur, Göttingen 2005

Tuchel, Johannes: „… wenn man bedenkt, wie jung wir sind, so kann man nicht an den Tod glauben." Liane Berkowitz, Friedrich Rehmer und die Widerstandsaktionen der Berliner Roten Kapelle 1941/42, Berlin 2022

Verein Aktives Museum (Hg.): Vor die Tür gesetzt. Im Nationalsozialismus verfolgte Berliner Stadtverordnete und Magistratsmitglieder 1933–1945, Berlin 2006

Vinke, Hermann (Hg.): Cato Bontjes van Beek – Leben will ich, leben, leben, München 2020

Vollmer, Antje/Keil, Lars-Broder (Hg.): Margarethe von Oven (1904–1991), in: Stauffenbergs Gefährten – Das Schicksal der unbekannten Verschwörer, Berlin 2013

Weber, Hermann/Herbst, Andreas: Deutsche Kommunisten – Biographisches Handbuch 1918 bis 1945, Berlin 2008

Wartenburg, Marion Gräfin Yorck von: Die Stärke der Stille – Erzählung eines Lebens aus dem deutschen Widerstand, Köln 1984 (aufgeschrieben von Claudia Schmölders)

Wildt, Michael/Kreutzmüller, Christoph (Hg.): Berlin 1933–1945, München 2013

Zoske, Robert M.: Sophie Scholl. Es reut mich nichts – Porträt einer Widerständigen, Berlin 2020

Online-Quellen:

www.weisse-rose-stiftung.de

www.yadvashem.org

Verwendete Literatur und Quellen

ÜBER DIE AUTORIN

Christiane Kruse ist Kunsthistorikerin und Publizistin. Sie arbeitet als freie Redakteurin und Autorin und hat bereits zahlreiche kunst- und kulturwissenschaftliche Bücher veröffentlicht.

Umschlagabbildungen
Marlene Dietrich (links): (c) akg-images / TT News Agency / SVT
Gabriele Tergit (Mitte oben): (c) Jens Brüning
Eva-Maria Buch (Mitte unten): (c) akg-images
Hilde Coppi (rechts): (c) ullstein bild / ADN-Bildarchiv

Bibliografische Information der Deutschen Nationalbibliothek
Die Deutsche Nationalbibliothek verzeichnet diese Publikation in der Deutschen
Nationalbibliografie; detaillierte bibliografische Daten sind im Internet über
http://dnb.d-nb.de abrufbar.

© 2024 BeBra Verlag GmbH
Asternplatz 3, 12203 Berlin
post@bebraverlag.de
Lektorat: Marijke Leege-Topp, Berlin
Umschlag: Goscha Nowak, Berlin
Satz: ZeroSoft, Timisoara
Schrift: Dante MT, 10.3/13.6 pt
Druck und Bindung: GGP Media GmbH, Pößneck
ISBN 978-3-89809-252-4

www.bebraverlag.de